Franz Hermann Meissner
Hans Thoma

Meissner, Franz Hermann: Hans Thoma
Hamburg, SEVERUS Verlag 2013
Nachdruck der Originalausgabe von 1899

ISBN: 978-3-86347-732-5
Druck: SEVERUS Verlag, Hamburg, 2013

Der SEVERUS Verlag ist ein Imprint der Diplomica Verlag GmbH.

Bibliografische Information der Deutschen Nationalbibliothek:
Die Deutsche Nationalbibliothek verzeichnet diese Publikation in der
Deutschen Nationalbibliografie; detaillierte bibliografische Daten sind im
Internet über http://dnb.d-nb.de abrufbar.

© **SEVERUS Verlag**
http://www.severus-verlag.de, Hamburg 2013
Printed in Germany
Alle Rechte vorbehalten.

Der SEVERUS Verlag übernimmt keine juristische Verantwortung oder
irgendeine Haftung für evtl. fehlerhafte Angaben und deren Folgen.

SEVERUS

Hans Thoma

VON

Franz Hermann Meissner

Selbstbildnis von 1880.
(Nach der Photographie im Verlage von F. & O. Brockmanns Nachfolger,
R. Tamme in Dresden).

HANS THOMA.

Eine interessante Künstleranekdote mag uns jener Welt allmählich zusteuern, in deren Bann wir diesmal ein künstlerisches Leben vor uns vorübergleiten lassen wollen, weil es so wundersam eigen gewachsen ist. — Kaulbach, der eben seine riesigen Treppenhausmalereien im Berliner Museum vollendet hatte, trat danach in die Werkstatt seines ehemaligen Lehrers Cornelius und hoffte im Stillen wohl auf ein Wort warmer Anerkennung für eine Grossthat, die als ein weiterer Schritt im Cornelianischen dem Meister lieb sein musste. Der fuhr indessen seinen geistigen Erben grob an und wies ihn moralisch zum Hause hinaus, — unhöflicher, als ein Mann von Bildung mit einem frechen Bedienten sogar verfahren würde. Ihn kränkte angeblich, dass der Protestant Kaulbach das Reformationszeitalter und Luther im Museum einer protestantischen Hauptstadt verherrlicht hatte, obgleich er aus der Lehre eines — Katholiken als Maler hervorgegangen war. Das steht in dieser Anekdote überliefert. Wahr aber ist sie schwerlich in dieser Form. Denn Cornelius war ein hochgebildeter Mann und, wie mir vor langem ein verstorbener Freund des grossen Nazareners erzählte, geistig freier als dies Intermezzo schliessen lassen würde. Die Thatsache des Vorgangs angenommen, müssen also andere Ursachen für den Groll des Cornelius zu suchen sein. Man kann Brot- und Rang-Neid dabei ausscheiden, wie ich glaube, weil sie unter ernsten Künstlern seltener sind als man annimmt; denn die wirklich schöpferische Natur wird von den Problemen ihres Berufs viel zu sehr gefesselt und fühlt zu sehr das eigene Gewicht, um so unfruchtbaren Trieben nachzuhängen. Eine bekannte kunstgeschichtliche Thatsache mag uns hier auf die Fährte von dieser plötzlich zu Tage getretenen Abneigung des Cornelius gegen seinen reif gewordenen Schüler bringen. Worauf beruhte der erwiesene Hass zwischen Lionardo, Michelagniolo, Raffael, Bramante, — worauf auch jener, der selbst unter den kleineren Geistern so tolle Blüten in jenen Tagen trieb, da Savonarola Herr über die busseknirschenden Seelen von Florenz war?

Diese nicht selten wütende Abneigung gleichgenialer Zeit- und Kunst-Genossen gegen einander beruht auf einer psychologisch sehr merkwürdigen Erscheinung, die man als den »Hass der Schattirung« bezeichnen könnte. Insofern nämlich, als sie in vielen der bekanntesten Fälle deutlich mit der Verschiedenartigkeit des Kunstideals bei den Einzelnen zusammenhängt, wie es vom Ort, dem Zeitabschnitt, dem Schicksal, dem Familienerbe, persönlicher Eignung bestimmt wird und um den Künstler ein gewisses Netz von Vorstellungen und Empfindungen spinnt, aus denen er nicht heraus kann. Er versteht den Anderen entweder nicht oder erkennt bei Jenem einen ihm selbst fehlenden Vorzug, — Grund genug für das unkritische und heisse Künstlertemperament, den Genossen bis aufs Messer zu hassen. Man betrachte Michelagniolo. Der gewaltige Ideen- und Formen-Beherrscher, der Männerdarsteller und Freund der alternden, nur bedingt als Frau in Hinsicht des natürlichen Geschlechts zählenden Vittoria Colonna hatte keinen Sinn für die Gesetze, die den unvergänglichen Jüngling Raffael zu Weibesschönheit und bezaubernder Anmut der Kunst führten; der einsame Gigant achtete in seinem düsteren Prophetentum den Liebling der Menge als eine Art ernstlosen Buhlers um die Muse gering; ihn quälte im Geheimen dazu dessen Uebergewicht an Harmonie, deren Mangel dem verzweifelt Ringenden wohl bewusst war. Ein anderes Beispiel aus neuerer Zeit bieten Makart und Feuerbach. Makart lehnte den nach Wien Berufenen in eisiger und tötlich verletzender Weise gesellschaftlich ab und dieser hat seinem Hass gegen den Farbenschwelger in arger Weise Ausdruck gegeben, indem er ihn in seinem »Vermächtniss« als künstlerischen Schwindler durchsichtig hinstellte.

Nur ein paar Proben sollen hier eine merkwürdige Erscheinung versinnlichen; man kann sie zahlreich vermehren und drollige Anekdoten und Thatsachen genug beibringen, wie es auch an dämonischen Ausbrüchen dieses Hasses nicht fehlt. Michelagniolo war, wie Gobineau es in seinen Renaissance-Dichtungen mit feinem Griff gezeichnet hat, voll übermenschlichen

Hasses gegen Raffael; Dürer wird 1506 in Venedig gewarnt, bei einem der venetianischen Maler zu speisen, da er leicht vergiftet werden könnte; Veronese und ein Rivale gehen in jugendheissen lombardischen Tagen nach einer allerdings nicht beglaubigten Erzählung mit gezücktem Degen auf einander los. Je eigener und stärker ein Künstler ist und je fruchtbarer er eine neue Provinz angebaut, umso fremder steht er sehr oft dem Schaffen eines Anderen gegenüber. Seine Art ist seine Burg, von der aus er Jeden als Feind betrachtet, der ihm nicht verwandt ist im Kunstideal. Und hier wird jetzt auch ganz deutlich sichtbar, wie sehr verschiedenartig eigentlich Absicht und That jedes grossen Künstlers vor denen seiner Genossen ist, — wie weiterhin in seinen besonderen Schülern, Anhängern und Weiterentwickelern über Jahrhunderte hinweg sich bestimmte Gemeinden etwa in der Art der alten Dombauhütten ausbilden und fortpflanzen, die kaum eine andere Beziehung mit anders Gesinnten ihres Standes haben als die Handwerksmittel von Farbe und Pinsel, Meissel oder Richtscheit. Uns beschauenden Nachfahren aber zeichnen sich in dieser Art und in diesen Gemeinden die lebendig strömenden Richtungen und Grundideale der Geschichte ab, um deren tiefgründige Unterschiede wir uns freilich weniger kümmern, weil wir an der Einzelheit wie der hervorbringende Künstler nicht mit allen Fasern unseres Daseins hängen.

In der That, — welche andere Beziehung als der Name der Kunst und die Handwerksmittel der Sonderzunft herrschen zwischen Jenen, die erhobenen Hauptes als Denker und Künstler kraft eines starken Geisteslebens die grossen Ideen der Kultur- und Gesellschaftsbildung, die Vorstellungen von den letzten Dingen zu gestalten suchen, — und Diesen etwa, denen der bunte Schimmer der Wirklichkeit, ihre nächste Umgebung, der Frieden eines Bauerngehöfts, ein farbenvoller Blumenstrauss den Pinsel in die Hand drückt; oder zwischen diesen beiden Künstlerarten und einer dritten, die nur das Daseinsgeheimnis in den Menschenzügen zum malerischen Ausdeuten verlockt? Kann man Michelagniolo, Rachel Ruysch und Lenbach im Ernst vergleichsweise nennen, ohne in den Verdacht einer gewaltthätigen Natur zu kommen? In grossen Linien schweben da Irgendeinem blass dahinwandelnde Allegorien von erschauern machender Sinntiefe vor und er verachtet ingrimmig das schmeichlerische Spiel der Farbe wie die Nazarener, — farbenglühend und nur von einer Vorstellung beherrscht schwelgt dort ein Venetianer in heissen Liebesträumen. Formen voll Gewalt und strotzender Kraft schafft Rubens in vlämischer Genusslust und betet darin mit allen Sinnen die unendliche Fruchtbarkeit der Natur an, — Michelagniolo hingegen macht sie unsinnlich dem biblischen Mythos und philosophischer Weltbetrachtung unterthan. — — Dort ist ein Künstler, dem Feder und Pinsel ein mehr zufälliges Mittel für literarische Dichtungen sind wie man es bei Dürer, Schwind, Klinger sieht, — — — was aber sollte sie wohl Jenen verwandt machen, bei denen wie bei Giorgione, Gabriel Max, Rembrandt die stimmungsvollen Zauber der Gefühlswelt die Art der

Kunstschöpfung ausmachen! Um ihr Wesen scharf von dem der Ersteren zu scheiden, habe ich früher einmal die Bezeichnung der »Sager« für die litterarischen Künstler, — für die Meister der Gefühlswelt hingegen, für die musikalischen Malerseelen, die der »Singer« gebraucht.

Diese musikalischen Malerseelen, Gefühlsmenschen und Stimmungsgrübler der Kunst, bei denen Tiefe und Schwung des Gemütslebens alle anderen Eigenschaften überklingt, bilden eine eigene Gemeinde oder Kaste wie jede andere der oben kurzhin gekennzeichneten Arten und Richtungen. Auch sie haben nur wenig mit den Ideenmenschen z. B. oder den Wirklichkeitsaposteln gemein und mögen oft geringschätzig genug von ihren trauten Waldwegen auf Diejenigen schauen, welche sich im Sonnenbrand draussen mühen. Es verlohnt sich nicht nur, sondern verlockt auch durch ihr sonderbar ansprechendes und anziehendes Wesen, in ihre Welt herzhaft hineinzutauchen und sich soviel als möglich dort umzuschauen, — hernach aber wird sich ergeben, dass gerade an dieser Stelle dafür ein gewichtiger Grund vorliegt. — — Diese Rätselmenschen und Farbenmusiker tauchen erst spät in der Geschichte auf. Die Antike war lange tot und längst hatte das Christentum den antiken Einklang zwischen dem Menschen und der Natur zerrissen. Man hatte mit Hilfe christlicher Entsagungsmoral erst die Seele entdecken, ihre Anschauung sodann in der Betrachtung und Darstellung des Heiland- wie des Menschen-Leidens entwickeln und ein hochgetriebenes Kunstausdrucks-Handwerk schaffen müssen, ehe die menschliche Seele sich selbstständig empfinden und der Künstler an Bildungen gehen konnte, die Zeugnis davon ablegten. So frühe Spuren davon sich in der Litteratur des wegen seiner Innerlichkeit hierfür besonders geeigneten Germanenvolkes bei den Ritter-Epen um 1200 und 100 Jahre später bei Dante finden, ist die bildende Kunst hierfür doch erst im Quattrocento reif, als die hellenisch-römische Welt mit ihren klassischen Werken aufs Neue die Geister innig befruchtete und die Lehre Platos, noch mehr die schon so seltsam ins Christliche hineinklingende Weltanschauung der Neuplatoniker die Augen hell machte und für das Erkennen schärfte. Die grossen Neubildungen und Geisteskämpfe gegen und um 1500 sind dann die eigentliche Wiege für diese besondere Seelenkunst, die gleichsam mit kosenden Harfenstimmen ein neues, nämlich das moderne Menschentum und seine noch geheimnistiefen Zukunftsprobleme einleitet.

Diese ebenso gewaltigen als fesselnden Prozesse auch nur in den Lichtpunkten zu berühren, liegt ausserhalb des hier gegebenen Bereichs. Es ist nur zu erwähnen, dass diese Seelenkunst bei Lionardo und Botticelli u. A. schon vollkommen sichtbar umgeht und bei Giorgione in einer geheimnisseligen Traumwelt warmer Dämmerungen die erste reife Frucht getragen hat. Auch Tizian ist ihr Vasall. Und es erscheint als ein feiner Zug und Fingerzeig der Ueberlieferung, dass sowohl Lionardo als Giorgione als meisterliche Lautenspieler galten, der Mann aus Cadore aber als inniger Liebhaber der Tonkunst bekannt ist. Hatten die beiden Zeit- und Schulgenossen Giorgione und Tizian doch in der Schule des alten Giov. Bellini auf der Piazza di Rialto die beste Gelegenheit, Ohr und Hand zugleich zu üben, denn rings um die Meisterwerkstatt befanden sich damals die berühmtesten Musik-

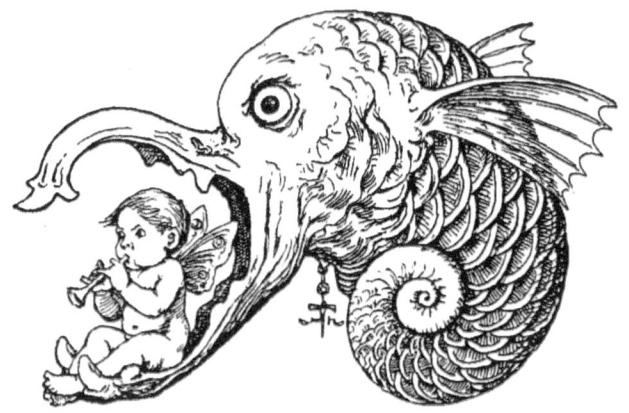

Kind und Schicksal. Aus dem Album »Federspiele«.
(Verlag von Heinrich Keller in Frankfurt am Main.)

schulen Venedigs. Da mochte die lose an die Form gebundene und in grenzenlose Dämmerung sich verlierende Tonkunst, welche die Seelenkunst an sich ist, diese jungen Sinne früh umgarnen, weit machen und in tastender Anschauung auf einen Weg der Malerei führen, der auf ähnliche Zauber der Wirkung sann, und einmal mit voller Klarheit gefunden zu köstlich war, um wieder vergessen zu werden. Ein Heer von Künstlern ist seitdem auf ihm gewandelt, — Manche wie die Grössten zeitweise, Andere für immer. Velasquez wie Rembrandt; Millet und Böcklin; Max und Makart, um nur ein paar Namen herauszugreifen.

Diese Gefühlsgrübler der Malerei, Rätselträumer und Farbenharfenisten sind äusserlich schon durch eine ganze Reihe eigener Züge kenntlich. Sie sind nur ausnahmsweise einmal Ideenmenschen; die grossen Denk- und Kulturprobleme interessiren sie ebensowenig als die gemeine Wirklichkeit, die sie allenfalls stark gehöht, jedoch fast nie in mathematischer Zuverlässigkeit darstellen. Sie hängen nur mittelbar in ihrer Zeit, viel eher in einer gewissen Zeitlosigkeit, weil sie gleichgültig gegen das Wochentagswerk der Menschen sind. Goethes Wort scheint auf sie gemünzt, dass tiefe Gemüter genötigt sind, in der Vergangenheit so wie in der Zukunft zu leben. Immer suchen sie mit traumverlorenem Auge in Stille und Einsamkeit geweihter Haine weitab vom Tagestreiben nach etwas Verlorenem: dem Einklang von Mensch und Natur, weil ihr Gemüt sich beengt vom armseligen Gefäss des Leibes und bedrängt vom kalten Tyrannen Verstand fühlt. Sie tasten deshalb nach Allem, was jenes zu tiefem und sehnsüchtigem Erklingen bringt und damit frei macht, — sie schauen und suchen nach den verzauberten Orten und den Charfreitagsstunden der Natur, lieben die ergebenen dramatischen Abklänge der Vergangenheit, werden vom Leiden der Kreatur besonders angezogen, und selbst bei einem frohsinnigen **Naturell** sind es doch die rätselvollen **Stimmungen**, die eine metaphysische Betrachtung von Mensch und Landschaft ergiebt, welche sie interessiren. — So wandeln sie in einer Art von inneren Trunkenheit durch ihre Mitwelt; unberührt vom Einzelschicksal; gleichgültig gegen die Reibungen des Treibens draussen; weltunläufig, unklug nicht selten im banalen Sinne der Vorteile. In ihrer eigenen arglosen Kinderseele scheint ihnen Mittelpunkt und Maas aller Dinge zu beruhen; von hier aus suchen sie die Welt in melodischen Dämmerungen der Phantasie zu begreifen und künstlerisch darzustellen; sie fassen dabei Alles, was in ihren Sinneskreis tritt, ganz persönlich auf, worin sich ein starker weiblicher Zug verrät, so herzhafte Männer sie sonst sind. Für Einige unter ihnen wie Giorgione, Millet, Max kann man zu deutlichem Vergleich ihrer vollkommen leidenden und stark aufnehmenden Natur das Symbol der Aeolsharfe heranziehen: das Weltgebrause erschüttert sie nicht und reizt nicht den geringsten Mannestrotz bei ihnen heraus. Sie fangen nur das Gedröhne in leisem Erschauern auf und geben dessen schrille Laute als eine zarte und süsse Harmonie klagender Töne zurück. Alle diese Akkordmenschen drängen ihrer Zeit weder stürmische Ideen noch dionysische Begeisterung auf.

Dabei sind sie immer ausgezeichnete Handwerker in der Ausübung ihrer Kunst, ohne dass sie schillernde Taschenspielerstücke jemals pflegen. Sie zeichnen und bauen sehr gut, lieben aber die Farbe über Alles, weil diese die Trägerin alles Geheimnisvollen ist. Nicht Wenige von ihnen gehören zu den Meistermalern der

Geschichte, — wie könnten sie sonst das Schwerste zu Stande bringen: in Augenkunst umzusetzen, was sich nicht sehen, kaum schleierhaft denken, deutlicher nur hören und herzpochend empfinden lässt.

Sie haben den Klang, der das Köstlichste in aller grossen Kunst für das Gemüt bleibt, in und um sich; sie schreiten mit ihm in einem beneidenswerten Gleichmass des inneren Lebens, fast kampflos scheinbar, und in ewigem Feiertag wie die Himmlischen in Hölderlins Schicksalslied dahin. Kann man sich Giorgione anders vorstellen als in der leidenschaft-gedämpften Ausgeklungenheit seiner Werke, die er weltentrückt schuf und darin rasch seinen kurzen Lebensdocht verglimmen machte? — Rembrandt ward alt und hat Höhen wie Tiefen des Lebens in grausamem Schicksalsspiel kennen gelernt; er zeigt starke Schwankungen in seinem Stil. Und doch, — es ist als ob weder die Zwischenfälle Saskia, Hendrikje und des bürgerlichen Bankerotts noch das Elend des Vergessenseins an seinem inneren Akkord etwas gestört hätten. — Bei Millet wird man meist vergeblich nach Art und Namen von Mensch und Landschaft forschen und unmöglich scheint es, eine Natur nach seinem Bilde auf der Wanderung etwa irgendwo wiederzuerkennen. Nur die Fruchtbarkeit der Natur quillt uns aus seinem Werk als ein endloser Duft entgegen und Seufzer hören wir aus ihm über die geknechtete Menschennatur auf Schritt und Tritt, als sei er nie anders als mit der Erhobenheit eines Wüstenpredigers in das Freie hinausgetreten. — Gleich Symphonieen ziehen vor uns in der Schöpfung des eng-

Der Säemann. Nach dem Steindruck.

lischen Präraffaeliten Watts paradiesische Blumenauen mit Sinnbildern einer religiös-moralischen und metaphysischen Aesthetik und herrliche Menschen von unirdischer Schönheit in Farbenakkorden vorüber, wie sie so rein nur selten vernommen sind. — Böcklin aber schliesslich ... wer hat die Gefühlsschauer des Walddämmerns und der gegen düstere Schlüfte brausenden Brandung tiefer und klingender gebildet als der grosse Schweizer, der ein Stimmungsgrübler sein Lebtag war? —

In dieser ganz eigentümlichen und lärmfernen Welt lebt auch Hans Thoma, — und diese Meister sind allesamt in natürlicher Verwandtschaft seine künstlerischen Ahnen. Eine musikalische Malerseele ist auch er und für seine Glaubenseinfalt und Gemütsinnigkeit ist die Welt immer nur ein Seelenmysterium gewesen, das er andächtig formte, so gut es ihm gelang. Er blickte erst lange in die Natur hinein, entdeckte Vieles, was Andere nicht sahen und raffte Stimmungen auf, die dem Stadtmenschen zu erfassen unmöglich ist, — dann aber gab er das Genügen daran auf und sorgte nur um den Klang, dass er ihm rein und tief erhalten bliebe. Daher kommt es auch, dass uns sein Werk von 4 Jahrzehnten trotz aller Kostbarkeiten der Malerei darin und trotz einer immer neu gesuchten Form heute nur als ein ruhiger, abgeklungener, müheloser Wohllaut zu Auge und Ohr spricht, — ist er sich im Grund seines Herzens doch stets gleich und immer ein Mann des harmonischen Akkords geblieben. — — —

* * *

Ein Hauch von Einsamkeit und Weltunläufigkeit hängt über vielen Schöpfungen dieser Maler mit den klingenden Seelen, sodass man nicht selten ein klösterliches Wesen herausempfindet. Man denkt unwillkürlich etwa an rosige Spätnachmittagstunden in einem romanischen Klostergarten, — wie Prell sie in seinen Berliner Architektenhausfresken prächtig gemalt hat, — an farbenglühende Blumen und das schattige Düster kunstvoller Kreuzgänge darum; einen Hain stellt man sich vor ausserhalb dieses Gartens mit einem weichen Teppich von Gras und Blumen, mit wildem Gerank um dichte Stämme, stillen Wipfeln, Bachmurmeln und tiefer Schweigsamkeit, die nur gelegentlich der melodische Ruf eines Vogels durch die weiche Luft unterbricht. Lautlos aber wandelt gedankenversunken ein Mann durch diesen Gnadenort, — er sinnt um Bilder, Zustände und Stimmungen, bei denen der Weltmensch sich nichts denkt, und 100 Jahre sausen wie in der Legende ungehört an seiner Versonnenheit vorüber, während er eine Stunde verflossen meint. Der gottselige Bruder Angeliko in Florenz hat dies Leben gelebt und Watts wie Burne Jones, Gabriel Max und noch manch' anderer Mann sind gut denkbar, wie sie in weisser oder schwarzer Kutte durch Kreuzgänge glitten, — teilnahmslos und abgestorben für die Welt. Wer den leidenschaftslosen, strengen, kraftvollen und tiefwarmen Herzlaut erlauscht hat, der vom ersten bis zum letzten Bild durch das Werk von Hans Thoma geht, und wem dabei deutlich wird, wie ungefüge seine Malerhand nicht selten ist und wie fern er immer den

Lebenserscheinungen, den menschlichen Einrichtungen und Voraussetzungen zu stehen scheint, als dringe nie ein Laut von aussen in seine Abgeschiedenheit, der fühlt sich sonderbar berührt und ihm geht ein, dass ein Klosterkünstler alter Zeit nicht einsamer, unbekannter mit dem Draussen, unmoderner im Sinne der nach dem Neuesten stets haschenden Menschheit nur nach innerer Stimme der Kunst gedient haben könnte als dieser Mann, der 4 Jahrzehnte seiner Laufbahn in grossen Städten zubrachte und dennoch nur geringe Spur »zeitgemässer« Anschauungen in seinem Werk verrät.

Thoma ist in der That fast einzig in dieser Art unter den Zeitgenossen. Zwanzig Jahre bringt er unbekannt mit den Anschauungen, Genüssen und Leiden der Städte in einem stillen Schwarzwaldthal zu, tastet sich in die Natur hinein und baut sich ahnungslos über Wert und Tragweite seines Thuns eine Kunstanschauung auf, die in Deutschland für die weitere Öffentlichkeit erst 20 Jahre später nachentdeckt ward, wie man so sagt. Er bemüht sich in Karlsruhe und Düsseldorf ein Jahrzehnt hindurch die ungebrochene Ursprünglichkeit seiner Art in einen festen Stil zu binden. Es ist bezeichnend genug, dass die so strenge als gemütstiefe Kunst Dürer's mit ihrem abgeschlossenen Duft der Nürnberger Märchenwelt seine erste Führerin wird, — dass dann aber in Paris, wo er »alle Professorenfurcht verlor«, Courbet mit seiner unmittelbaren Natur und seinem Farbenklang ihm die Richtung weist. Mit diesen Eindrücken aber zog sich der junge Meister in die Einsamkeit und in sich selbst zurück fortab. Er fragte kaum danach, wie die Welt draussen ihren Weg ging; er nahm keinen Anteil an einer schnell hinauf und in die Breite gehenden Kunstblüte; er achtete die optischen Errungenschaften der neuen Zeit für nichts, sondern wanderte nur seiner inneren Stimmung und dem Klang nach, wie emsiges Denken und zunehmende Reife ihm den Weg wies. Ein Mönchskünstler in seiner Zelle hätte nicht weltferner anschauen, das Alltägliche sich zu erhabenem Symbol werden lassen, die Menschennähe auch in der Kunst spröder meiden können als dieser Mann von Frankfurt. Aber gerade dieser Geist der tiefsten Seelenruhe und des Entrücktseins vom Tage, der aus seinem durch lange Zeitabschnitte hindurch nicht selten altfränkisch anmutenden und ungefügen Stil weht, ist es, der in seiner künstlerischen Mächtigkeit dem Meister die Herzen der friedensehnenden Zeitgenossen gewann. —

* * *

Thoma hat selbst einmal in seiner schlichten Weise erzählt, woher ihm dieser andächtige Grundlaut in die Seele von Hause aus als ein kostbares Erbe kam. Es steht in einem Steindruck aus neuerer Zeit deutlich zu lesen. Man sieht da unmittelbar in ein freundliches Schwarzwalddorf hinein mit weissen und grauen alten Häusern unter mosigen Schindeldächern. Ein anmutig gewelltes Wiesengelände, ein brauner, von Pappeln und Erlen gesäumter Bach in der Mitte, dem zahllose Quellen als dünne Schaumfäden von überall

In einem kühlen Grunde.
(Aus dem Thoma-Werk, Verlag von Franz Hanfstaengl in München.)

her zurieseln, gehören dazu und mässige Bergzüge mit auffallend grossen und einfachen Umrissen umgeben auf beiden Seiten dies friedliche Idyll. Der Ort heisst Bernau und liegt in einem hochgelegenen Thal des südlichen Schwarzwalds nicht allzu weit von der südwestlichen Ecke Deutschlands bei Basel. Er sieht in diesem Blatte ganz anders aus als Schwarzwalddörfer bei den alten Düsseldorfern der 60er und 70er Jahre auszuschauen pflegten; und zwar um gerade soviel als Thoma sich von diesen Kunstgenossen in seiner Art unterscheidet; nur ist er der Glaubwürdigere in diesem Fall, weil es sich um seine eigene Heimat hierbei handelt.

Die Anmut dieses Orts ist von einer eigenen Melancholie durchsetzt, die überall in Natur, Bauwerk, Kreatur ihr gedämpftes Echo findet. Das niedere Gewächs ist vielfach weich und tief wie kriechendes Moos gefärbt; braun das Wasser im Bach; in den zahllosen Quellen erblickt man nur schmutzigen Schaum, unter dem dünne Wasserfäden unsichtbar dahinflüstern; schweigsam sind die Bergzüge und ein rätselhaftes Sinnen lastet auf dieser kleinen Welt, in die niemals das Pfeifen und Gedröhne eines Eilzugs hineingellt; sie scheint vom grossen Verkehr vergessen zu sein. — Ein alemannischer Menschenschlag von knochiger und erdsicherer Gestalt, gemächlichem Pulsschlag und ausgeprägten Zügen haust hier, der stattlich einhergeht und gesund an Leib und Seele ist. Der Alemanne redet ohnehin nicht mehr als nötig ist, — sein Landsmann aus dem Bernauer Thal ist sogar von einer auffälligen Schweigsamkeit, die mit dem verhaltenen Leben der Landschaft ringsum gut zusammengeht. Es ist ein uransässiger Bauernadel von schlichter Strenge der Moral, der hier seit undenklichen Zeiten haust, mit seinem Boden verwachsen ist, aber doch schon sichtbare Ansätze zu einer einfachen Bildung zeigt. Der Boden ist nämlich nicht sehr ergiebig und kann trotz harter Arbeit nicht Alle ernähren. Aus der Not haben sich bäuerliche Gewerbe entwickelt; Holzschnitzerei und Uhrenschildmalerei blühen hier und in der Nähe; die Musik wird als Beruf daneben viel betrieben und hat zahlreiche Liebhaber herangezogen, welche Abends und Sonntags in wohlverdienter Rast im Garten sitzen und die Violine zu eigener Lust spielen, statt in die Schenke zu gehen. Ein reines Bauerntum, das mit allen Sinnen an der Scholle klebt wie das von Millet dargestellte z. B., giebt es hier also nicht mehr. Gewerbe, die eine besondere Anlage, Fertigkeit, Überlegtheit erfordern oder welche wie die Musik die Seele verfeinern, den Ausübenden über die Ackerkrume hinausheben und im Handelsverkehr mit der Stadt den Witz schärfen, haben die Gehirne bereits für Höheres zubereitet. Diese Mischung von einfacher Natur und den Anfängen edlerer Bildung giebt einen guten Schlag und ist der beste Nährboden für künftige Genies, die in solcher Gegend häufiger als anderswo wachsen, aber freilich fast alle an der Ungunst der Verhältnisse und dem Unverstandensein zu Grunde gehen und nur ausnahmsweise einmal hochkommen. Die Kunstgeschichte kennt viele Abkömmlinge dieser Art, die im Kampf ums Dasein durch ihre unbesiegbare Naturkraft den Städtern fast immer überlegen sind.

Dies gute Schicksal ward auch Hans Thoma zu Teil, der in einem dieser malerischen alten Häuser von Bernau am 2. Oktober 1839 in die Welt Einzug hielt. Er war ein richtiger Goldsohn mit einem stattlichen wenn auch in Markwährung nicht zu berechnenden Familienerbe. Von der Anmut des Orts, der Freiheit des Landes, dem angenehmen Menschenschlag abgesehen, dessen Genusszinsen ihm auch zu Gebote standen, war in seiner engeren Familie der beste Grund für Kunst gelegt. Der Grossvater war Musiker, der Oheim Uhrenschildmaler, und beide Kunstgewerbe waren unter Vettern und weiteren Anverwandten verbreitet. An der Mutter rühmte er mir selbst einmal die ungewönlich-lebhafte Phantasie, die zeitweise bis ins Visionaire ging, und gemeinsame Freunde schilderten mir die erst in der Mitte der 90er Lebensjahre im Hause des Sohnes entschlafene prächtige Frau als sehr herzwarm, voll trefflicher Gesinnung und reich an natürlicher Bildung. Das ging auf den Sohn wie auf eine jüngere Tochter, die geschwisterlich aneinander hingen, über. Aus einem Bilde des Vaters, der früher starb, sticht in den sehr ausgeprägten Zügen geistige Regsamkeit und eine schweigende zähe Willenskraft hervor, die Thoma also von dieser Seite haben dürfte.

Er war schon früh ein absonderliches und stilles Kind. Er zeichnete auf seiner Schiefertafel Landschaften, Thiere, Menschen, Häuser, wie es ihm vorkam und mit einer Vielseitigkeit, die meist mit einer ganz bedeutenden Gabe verknüpft ist. Die gute Mutter half dabei so gut sie konnte; sie interessirte Pfarrer und Lehrer dafür, die wie die Nachbarn und Verwandten ein reges Interesse an diesen Zeichnungen und den Gestalten, welche der Knabe aus Papier schnitt, nicht verhehlten und die Mutter in ihren Ahnungen bestärkten, dass aus dem Jungen einmal Gutes werden würde. Er machte jedoch durch seine leichte Fassungsgabe und seinen Fleiss auch in der Schule den Eltern wie den Gönnern Freude, sodass man bald mit dem Gedanken umging, ihn Pfarrer oder Lehrer werden zu lassen, die auf dem Lande ja den höheren Lebensberuf vertreten. Er selbst machte sich jedoch keine Sorgen darüber, lernte, zeichnete, vergrub sich mit Vorliebe in alten Kalendern und hatte über deren schlechten Holzschnitten ganz herrliche Träume von Farbenbildern, die er bis in seine Jünglingsjahre hinein nur von Hörensagen kannte. Ein seliger Taumel erfasste ihn, als er eines Tags den ersten kleinen Tuschkasten in die Hände bekam und damit den Zauberstab in seinen Händen glaubte, um alle die erträumten Wunder greifbar zu machen. — Ein tiefrührender Zug geht durch diese kleinen Erlebnisse einer Kinderwelt; ergreifend in der heissen Sehnsucht nach Dingen, die das Auge noch nie geschaut hatte, und in dem emsigen Bemühen, sie sich zu gewinnen, — packend durch die dem Kinde unklaren Offenbarungen eines unwiderstehlichen Triebs. Wohl alle grossen Künstler, deren Leben wir kennen, haben spätestens im Knabenalter Kunstwerke zu Gesicht bekommen und ihre Träume wie ihren Drang nach einer ganz bestimmten Richtung daran genährt, während Thoma in der Abgeschiedenheit seiner Bergheimat diese Dinge

Gebirgsdorf.

nur ahnt und nur vom inneren Gesicht seiner Gnadengabe rastlos auf ihre Spur getrieben wird.

Für den Gefirmelten musste schliesslich am Ende dieser Kinderjahre an einen Beruf gedacht werden. Seine Art wies den Weg. Er wurde nach Basel in

eine Steindruckerlehre gegeben, konnte jedoch nur
ein Jahr lang das gebeugte Sitzen am Tische bei seinem
nicht sehr starken Körper ertragen. Er kehrt heim
und jetzt wird es mit der Lehre bei einem Uhrenschildmaler in Furtwangen versucht. Hier hielt Hans durch
und kehrt erst in seinem 17. Jahre heim. Das freud-
lose Handwerk beschäftigte ihn wohl noch ein Weilchen;
es entstand auch ein erstes Gemälde in der Uhren-
schildweise nach einer Kalendervorlage; dann aber
brach die innere Neigung gewaltsam durch und er
begann auf eigene Faust nach der Natur zu malen.
Was daraus werden sollte, wusste er so wenig als die
Seinen; die Wege und Hilfsmittel des Kunstberufs
kannte man nicht; man liess den Jungen in der Abneigung einfacher Leute gegen feste Entschlüsse in
ein unbekanntes Gebiet hinein sein harmloses Treiben
ausüben und dachte mit glücklicher Zuversicht, dass
der liebe Gott in seiner Einsicht schon wüsste, was
er mit Hans vorhatte, und zur rechten Zeit Rat schaffen
würde. Ein paar Jahre stillen Glücks zogen dem
Jüngling einförmig dahin. Er sass draussen und schuf
in stiller Lust. Er beobachtete die Natur in ihren
Formen und Farben dauerhaft und gründlich; die
grossen Stimmungen des Landes wurden lebendig vor
ihm; der Wechsel in den Tages- und Jahreszeitzuständen,
das stille Regen der Berg-, Wald- und Wiesen-Abge-
schiedenheit begannen immer klarer zu seinen beob-
achtenden Sinnen zu sprechen, die mit Kalenderlesen
und Nachdenken ihre Vorstellungen allmählich erwei-
terten. Eine so selige Wunsch- und Sorglosigkeit, eine

so frohe Zuversicht auf die Zukunft war in ihm, als könnte es nie anders in seinem Leben werden. Kam doch auch gelegentlich durch Bildnisse von Bekannten und Verwandten etwas Geld in seine Hände, das seiner Anspruchslosigkeit genügte, so wenig es war.

Dieses Idyll vernichtete der Tod mit einem Schlage. Der Vater starb 1859; Bedrängnis hielt Einkehr ins Haus und Seelennot, was mit dem Zwanzigjährigen werden sollte. Da fasst die Mutter einen herzhaften Entschluss. Sie packt eine Anzahl Arbeiten ihres grossen Jungen zusammen und geht im Vertrauen ihres schlichten Gemüts auf einen selbstlosen Helfer nach St. Blasien, wo ihr der Amtmann Sachse als kunstliebend und menschenfreundlich genannt war. Der Glaube einer Mutter kann Berge versetzen, wie es in uralter Weisheit heisst. Er rührte den Angerufenen, der sich sogleich an den Grossherzog Friedrich als den Landesherrn wandte, und dieser zögerte in seiner Hochherzigkeit nicht, nachdem Schirmer ein bejahendes Gutachten über das Talent des Jünglings abgegeben, mit einem Stipendium zu helfen. Der treffliche Amtmann, der sich so erfolgreich des Bedrängten annahm, wird es sich freilich schwerlich gedacht haben, dass er selbst noch als Karlsruher Geheimrath seinen Schützling als berühmten Künstler und Direktor des Grossherzoglichen Museums einst wieder begrüssen sollte. Schirmer hingegen, der 10 Jahre früher in Düsseldorf Böcklins Talent erkannt hatte und im kleinen Rahmen seiner frischen Farbengebung als moderner denn viele seiner Zeitgenossen gelten konnte, war seiner Sache

sicherer; er witterte scharf die Zukunft in den noch
ungefügen Versuchen des Lehrlings und rechnete auch
wohl mit dem zähen Bergmenschenmark. Denn als
ihn eines Tags das junge grossherzogliche Paar in
seiner Werkstatt besuchte, führte er seine hohen Gäste
vor die nebenan befindliche Staffelei des abwesenden
Thoma und äusserte zuversichtlich, dass der kleine
Schwarzwälder, — wie er allgemein hiess, — noch einmal
etwas Grosses werden würde. Erlebt hat er das Ein-
treffen seiner Voraussage nicht mehr, da er schon
1863 starb.

Um den Thoma-Hans aus Bernau in der Thaleinsamkeit droben aber funkelte die Welt im Sonnenglanz und läutete es wundersam, wie er mit erwar-
tungsbangen Pulsen und verwunderten Augen nach der
Landeshauptstadt zog. Nun würde er sehen, wonach
er sich heiss gesehnt und wovon er so oft geträumt
im Bett Nachts und bei Tage, wenn er draussen
irgendwo ungestört sass . . . herrliche Farbenwerke
voll Glorie und Glanz . . . und dort auf der Akademie
würden ihm die Meister in Bälde beigebracht haben,
wie man so wundersame Bilder malen kann. — —
Es giebt ein Glück, das unbeschreiblich ist und ohne
Grenzen scheint. Und Jeder, den die Kunst irgendwie
begabte, hat es mit schwimmenden Augen einmal geschaut und erlebt! — — —

Sieben lange Jahre ist Thoma jetzt von 1859—66
Kunstschüler in Karlsruhe in der Weise, dass er die

Wintersemester regelmässig auf der Akademie zubringt und dort lernt, während er im Sommer daheim in Bernau auf eigene Faust vor der Natur malt. Er besucht die Landschaftsklasse des ihm sehr wohlwollenden Schirmer und übt Figurenmalen bei des Coudres; auch der philiströs-joviale Akademie-Direktor Lessing, den Feuerbach zeitlebens arg verwünschte, kümmerte sich gern um den jungen Schwarzwälder, der seinerseits eine unverhohlene Neigung für die Kunst jenes später in Wien verstorbenen Polen, der seinen unaussprechbaren Schlachtiz-Namen mit dem klangvolleren »Canon« vertauscht hatte, gewann. Auch sonst kam dem kleinen Herrn aus Bernau alle Welt zur Wohlthat für sein seelenvolles Gemüt freundlich entgegen, nachdem es ruchbar geworden, wie aufmerksam der allbeliebte Grossherzog seinen Schützling verfolgte; die Kühnsten machten sogar Miene, sich zu Gönnern und Käufern auszubilden und übten sich bald in den kleinsten Dosen für diese schöne Aufgabe; Freunde fanden sich in den Mitschülern L. Keller und Bracht, und mit diesem Letzteren ward sogar schon 1860 die erste Studienreise nach dem Schwarzwald unternommen. Die Laufbahn legte sich so rosig als nur möglich an.

Es ergeht einem Menschen indessen nie so gut, als er wünscht und zu wünschen auch wohl ein Anrecht hat, und selten so schlecht, als er in grauen Stunden fürchtet. Der Sonnenglanz, welcher vor Thoma's nächster Zukunft gefunkelt hatte, wich bald grauem Dunst und Zwiespaltjahre voll Kämpfe und Kummer wurden ihm die Karlsruher Jahre. Das hatte

Gemüsestand.
(Aus dem Thoma-Werk, Verlag von Franz Hanfstaengl in München.)

seinen Grund darin, dass der junge Schwarzwälder kein unbeschriebenes Blatt mehr war, als er mit 20 Jahren auf die Akademie kam. Er hatte ein ganz unbefangenes Sehen der Erscheinungswelt, feste Meinungen über Licht und Farbe ausgebildet und tief bei sich wurzeln lassen. Die Frische und Unmittelbarkeit darin bewunderten seine Lehrer, aber als spitzpinselnde Fachmenschen damaliger Art meinten sie, dass die Breitpinselei des Schwarzwälders nur für Studien tauge und für wirkliche Bilder abgelegt werden müsse, und dass ein rechtschaffener Malersmann zudem, statt überall herumzuschwirren, ein engeres Gebiet haben solle, in welchem er sich nach und nach zu einigem Ansehen, Vermögen und weltlichen Ehren hinaufmalen könne. Je besser die Lehrer es mit ihm meinten, umsomehr setzten sie ihm zu, seine knorrige Art säuberlich abzuschleifen. Ehrfürchtig vor Rang, Ansehn und Alter seiner Professoren gab sich der junge Kunststudent die grösste Mühe, sich das Heil nicht zu verscherzen und seine Sache wider bessere innere Überzeugung so zu machen, wie gewünscht ward; an jedem Winterende war er glücklich so weit, dass seine Meister Hoffnung schöpften. Zu ihrem Unglück lag leider immer der Bernauer Sommer dazwischen; in ihm vergass er wieder, was er gelernt, und wurde in seine alte Art rückfällig, was denn bei seiner Wiederkehr das Entsetzen seiner Professoren jedesmal mit Sicherheit hervorrief. Siebenmal also aus seiner festgewachsenen Haut mühselig herauszukriechen, eine neue sich bilden lassen und dann aus innerem Trieb immer wieder in die alte zurückzuschlüpfen, war eine harte Aufgabe; man mag die Qual eines wollenden, orakelgläubigen, weltunläufigen jungen Menschen ermessen, der sich als Dank für die erwiesene Wohlthat zu jeder Forderung seiner Oberen verpflichtet hielt und sich zu dieser seelischen Folterung zwang. Man darf freilich die Lehrer hierbei nicht schelten, wie ich heute glaube, nachdem mir Thoma-Werke jener Zeit vor Augen gekommen sind. Sie konnten ebenso wenig aus ihrer Körperhülle und ihrer Zeit heraus. Was dieser Akademiker ihnen in seiner ungeschminkten, grossen, arglosen Natur und in diesen sonnenhellen Farben bot, lag für sie damals noch unfassbar im Schooss der Zukunft. Sind doch diese Bilder Thoma's, wie z. B. ein Doppelbildnis von Mutter und Schwester, gleich Menzels »Prinz-Albrechtspark«, Böcklins »Pan«, Schmitsons Schöpfungen die frühsten Offenbarungen einer viel später erst breit gewordenen Kunstanschauung.

   Eine gesunde Seele zehrt sich indessen nicht leicht in Pein auf, wie lange diese auch dauert. Sie sucht sich wie das Tier im Walde draussen nach dunklem Trieb Heilkräuter und Gegengifte. Thoma liess in einer allmählich sich auswachsenden verbissenen Zähigkeit seine Meister reden und setzte ihren Lehren einen gewissen zögernden Widerstand entgegen, da er in der Malerei, wie ihm allmählich dämmerte und später gewiss ward, doch keinen ernstlichen Nutzen von ihnen hatte. Er suchte Fortkommen und Erquickung anderswo, — in der Vertiefung seines Seelenlebens, der Bereicherung an Kenntnissen und Vorstellungen. Und für diese seine Bildung ist Karlsruhe, das er in elementarer Beschaffenheit betrat und gutgegründet wie vorbereitet

Der Violinspieler.

in geistiger Hinsicht verliess, trotz alledem von erheblichem Eindruck gewesen. Man stelle sich vor, wie unendlich schwer gerade ihm die Erwerbung dieser nötigen Eigenschaft war, der als ein guter, bescheidener und treuherziger Junge aus seinen Bergen in die

Stadt kam und bisher trotz aller Lernbegierigkeit über die einfachsten Vorstellungen nicht hinausgekommen war; der Vieles nicht wusste, was dem gebildeten Stadtmenschen als Scheidemünze des täglichen Verkehrs dient. Einiger Umgang in guten Häusern hätte ihn leicht auf das hingewiesen, was ihm fehlte; aber arme Talente ladet man bekanntlich nicht ein, weil man damit nicht prunken kann; vielleicht wäre er in seiner Scheu auch geflohen, hätte man es versucht. — Dafür leitet ihn Kunsttrieb und Bildungsdrang in diesen langen, einsamen Jahren auf einen erreichbaren Weg, der sein ganzes Leben vorzeichnen, seine Seele abstimmen und mit klingender Dämmerung füllen und so Musik als eigentümlichen Bestandteil in seine Farben mischen sollte. Das tiefe Schweigen der Vergangenheit in den Museumssälen, die glutvolle Ruhe in Domen mit alten Glasfenstern, die feierlichen Linien alter und neuer Kunstblätter werden der Rückzugswinkel für sein Gemüt, so oft die Wunden schmerzen und ihn Heimweh packt. Er sucht am Handwerk der Alten zu lernen, gerät dabei allmählich in ihre strengen Vorstellungskreise hinein und verliert sich gern in ihre von der Patina der Jahrhunderte gewürzten Stimmungen, weil sie feiertägige Schwingen an seine Seele heften und sie aus der Gegenwart heraustragen. Die geschichtlichen, philosophischen und poetischen Vorstellungen dieser Alten machen sich einstweilen noch nicht bei ihm bemerkbar, aber seine Gefühlswelt stärkt und vertieft sich an der ihrigen und reift bald zu einer beherrschenden Selbständigkeit. Ihm fallen dabei die Heimaterinnerungen an Wiese und Wald, an wundersame Abendstunden am nächtlichen Haus und im Gemüsegarten sehnsüchtig ein und bald tastet er mit ruhigen Nerven und einer von Nikotin und Alkohol noch nicht geschwächten Keuschheit des Empfindens danach, diesem Rätsel unbegreiflich tiefer und wonniger Gemütszustände Gestalt zu geben. Das erklärt es auch, dass ihn Canon mit seiner dämmerigen Farbentiefe so sehr anzieht und ihm die gemütvolle Kleinwelt L. Richters in ganz anderer Art das gleiche dauernde Vergnügen macht. Eines Tags aber am Ende der Karlsruher Jahre wird ihm dies Alles klar und eine grosse wie feierliche Erlösung kommt über ihn, da er die ersten Blätter von Albrecht Dürer kennen lernt. Er stutzt anfangs und weiss nicht, woher ihm der Jubel über diese Schöpfungen mit einem Male kommt; er sinnt und forscht weiter und dann tritt ihm fast plötzlich die Ursache dieser starken Wirkung entgegen: die übermächtige Gemütswelt in diesen Gebilden, welche die Form zu sprengen versucht, wird ihm offenbar; Erkenntnis in Fülle stürzt auf ihn ein von der Persönlichkeit in dieser Stilgebung dem Klang zu Liebe und von einem Sagenwollen, mehr als die Zeichnung wiedergeben kann. Im gleichen Augenblick aber auch, in dem Thoma die seine ganze Laufbahn fortab beherrschende Stilformel beim Nürnberger fand, weiss er plötzlich, dass auch dieser mit der Akademie in Zwiespalt gekommen wäre, hätte er an seiner Stelle gestanden.

Jetzt fällt dem jungen Akademiker ein Stein von der Seele; der Glaube an seine Lehrer kriegt einen tiefen Riss. Wie nun auch der Zufall eingreift und bemalte Leinwand in Gulden verwandelt, macht Hans Thoma entschlossen einen Punkt hinter die Lehr- und Leidensjahre und geht ab, sich den Wind auch einmal anderswo ins Gesicht wehen zu lassen. — — —

* * *

Thoma geriet jetzt nach Düsseldorf. Hoffte er in der freundlichen Gartenstadt an der Düssel einen freieren Boden für seine Art zu finden, — zog ihn die Stadt der Bendemann, Rethel, Schrödter und Gesinnungsgenossen mit ihrer Romantik als mit etwas Verwandtem an oder gab sein ihn begleitender Freund Scholderer den Ausschlag bei der Wahl? Gleichviel, — Thoma fühlte sich von dem dort ortsüblichen Klassicismus ebensosehr als von dem schon blühenden Realismus enttäuscht. Indessen sass er mit seinem stillen Frohsinn von 1867—68 dort fest und schaute in das dortige Treiben hinein, das seinen Gesichtskreis immerhin erweiterte. — Ein Bilderverkauf hatte den Anlass für die Uebersiedelung nach Düsseldorf gegeben; ein ebensolcher half dem jungen Künstler auch wieder aus der rheinischen Kunststadt heraus. Da es sich diesmal aber um die Riesensumme einiger 100 Gulden handelte, die dem Bedürfnislosen ein Vermögen schien, musste Grosses damit unternommen werden, was in diesem Falle eine zweimonatliche Reise nach Paris war. Und hier sollte dem fast Dreissigjährigen die zweite grosse Offenbarung seines Lebens werden.

Paris stand damals noch unter der Hochflut des zweiten Kaiserreichs und bot in seiner öffentlichen

Erscheinung die glänzendsten Bilder von Europa. Dazu lernt Thoma im Louvre zum ersten Mal ein grosses Museum kennen, dessen alte Meister in ihren Hauptwerken ihn geradezu hypnotisieren; verstand er doch vom Handwerk gerade genug, um ihren Wert richtig zu schätzen. Die grosse Offenbarung aber brachte ihm Courbet. Courbet, als Mensch ein bedeutender Maulheld und ein ausgezeichneter Bierbank-Aesthetiker, bei dem sich klare Spuren von Grössenwahn erkennen lassen, bietet als Maler ein erfreulicheres Bild. Er verhütete mit seinem robusten Naturalismus, dass die Schule von Barbizon in Verblasenheit aufging; er fügte zu deren landschaftlicher Auffassung die figurale und war ein trefflicher Meister in dunkler, lichtarmer Tongebung, wie seine spanischen und lombardischen Vorbilder es ihn gelehrt. Er war damals in der Nachwirkung seiner bekannten Protestausstellung Ende der 50er Jahre bereits in Blüte gekommen und beschäftigte alle Welt ebensosehr durch seine Kunst, die in ihrer Enge aller Ehren wert ist, als durch seine urteils- wie geschmacklosen Kunsterlasse und Streiche, deren einer diesem politischen Charlatan später bekanntlich schlecht ausging. Die Natur nun in diesen Werken von Courbet, der grosse Zug und die Unmittelbarkeit der Auffassung machten auf Thoma einen gewaltigen Eindruck. In Bild um Bild erkannte er trotz einer anderen Art ein verwandtes Sehen und Empfinden der Erscheinungswelt; er fühlte sich jetzt vollkommen im Recht seinen Professoren gegenüber und glaubte aus Courbets Beispiel schliessen zu können, dass eine solche folgestreng vertretene Anschauung sich auch die Anerkennung erzwingen würde. Nichts aber reizt eine junge Kraft mehr als die Aussicht auf einen siegreichen Kampf um die Zukunft; ihm schwoll das Herz hoch auf; er bedachte nicht, dass der Naturalismus in der deutschen Art keinen dauernden Widerhall finden könne und man, um damit für eine kurze Zeit überhaupt gehört zu werden, ein so durchtriebener Marktschreier als Courbet sein müsse. Jugend wird ja viel mehr von Schlagworten als von Erwägungen geleitet. In der That ist auch Thoma erst als der bedeutende Künstler gewürdigt worden, als er den Naturalismus längst überwunden hatte.

Einstweilen aber war damals Triumph in seinem jungen Herzen. Er eilt von Paris geradenwegs nach Bernau zurück und dort entstehen jetzt im Angesicht der freien Natur etwa 10 grosse Bilder von je 2 Metern Breite, in die er alle seine Zuversicht und einen erfolggewissen Uebermut sogar hineinmalte. Die Welt sollte halt kühn in die Schranken gefordert werden, und zwar von Karlsruhe aus. Thoma wird in dieser Meinung durch seine Malgenossen bestärkt, denen er im Winter die Bilder zeigt. Eine Gesamtausstellung sollte sie im Kunstverein vorführen. Durch einen Zufall geschieht dies im Winter 1869/70 nacheinander, sodass der harmonische Ausgleich einer folgestreng durchgeführten, wenn auch befremdenden Naturanschauung für die Beschauer fortfiel. Die Bilder fallen in Aufsehen erregender Weise durch und erregen sogar eine starke Entrüstung; Jeder fühlte sich in seinem Empfinden beleidigt; das Schlimmste jedoch war, dass alle Gönner

Raufende Buben.
(Aus dem Thoma-Werk, Verlag von Franz Hanfstaengl in München.

ihre Meinung unter dem Druck der öffentlichen Erregung schleunigst umbildeten und sich zurückzogen. Der Thoma-Hans aus Bernau sass mit einem Schlage hilflos auf dem Pflaster.

Das war 1870. Es sollten 20 lange Jahre verstreichen, ehe Thoma mit einer Gesamtausstellung das hier erstrebte Ziel erreichte und die Mitwelt ihm endliche Genugthuung für diesen Durchfall mit einem Erfolg von noch grösserem Aufsehen gab. Einstweilen jedoch sass er mittel- und hilflos nunmehr in Karlsruhe fest und schlug sich ein Jahr lang in düsterer Verzweiflung durch; ihm schienen die Schwingen gebrochen und sein alter Frohsinn für immer fort; er wäre am liebsten nur Nachts ausgegangen, um Niemanden das Brandmal auf seiner Stirn sehen zu lassen, mit dem er sich geächtet glaubte; hielt er nach der Art junger Menschen, einfacher Leute und schwacher Charaktere doch diese Niederlage von Anschauungen und Grundsätzen für eine persönliche Schmach, womit er sich als noch nicht gereift für grosses Wirken erwies. Nach langer Zeit erst regte sich die Bergmenschenzähigkeit wieder in ihm; er verspürte die erziehliche Wirkung des Schlags, rechnete fortab nicht mehr mit der Aussenwelt, wurde gleichgültig gegen ihr Lob wie ihren Tadel und verspann sich ganz in sich selbst und seine Traumwelt, die ihm auch bald dann seine alte Zuversicht wiedergab. Als ihn der Auftrag eines Fabrikanten Krafft in St. Blasien jetzt nach München rief, schüttelte er das Karlsruher Erlebnis wie einen bösen Alb von seiner Seele und hatte die Kinderkrankheiten der Künstlerlaufbahn endgültig überwunden; man sieht es ganz deutlich an seinem Schaffen, denn nun wachsen lauter ernste Kunstwerke unter seiner Hand. — ·—

— — In München lebt der junge Künstler zunächst von 1871—74, also zur gleichen Zeit mit Böcklin. Auch dort war noch kein Boden für ihn. Kaulbach war noch Akademie-Direktor, Piloty und Schleich wirkten noch u. A. von den älteren Künstlern, Defregger, Max, Lenbach waren im Aufstieg mit einer in der Mache vollendeten Realistik, welche über die Werkstatt-Beleuchtung nicht hinausging. Dementsprechend war der Geschmack des Kunstvereins-Sonntagspublikums so kernigen Naturmenschen wie Böcklin und Thoma nicht günstig; der Letztere wie seine Freunde erlebten es, dass seine besten Schwarzwaldbilder einen unzweifelhaften Heiterkeitserfolg davontrugen. Das focht ihn jedoch nicht mehr an. Denn einmal war es keine schlechte Genugthuung für ihn, dass mehrere der in Karlsruhe am meisten geschmähten Bilder ein Engländer um baares Geld erwarb und den Schwarzwälderhans, der aus Anspruchslosigkeit zu seinem Glück stets meisterhaft hauszuhalten verstand, damit auf lange Zeit hinaus in seinem Unterhalt sicherstellte, — und dann wog ihm die unverhohlene Anerkennung eines einzigartig gut diese Jahre hindurch zusammenstimmenden Künstler- und Freundeskreises schwerer als die Unbill durch Menge und Kritik. Einen Viktor Müller, der leider 1871 schon viel zu früh verstarb, Leibl, Alb. Lang, Haider, Trübner, Stäbli, Steinhausen, Scholderer konnte er in ihrem Urtheil über seine Art schon ernster nehmen als die schwerfällig sich entwickelnde Menge. Auch Defregger, dessen warme und ungekünstelte Natur in tiefer Verwandtschaft mit der seinigen sich gut vertrug, hielt mit einer ehrlichen Wertschätzung nie zurück.

Aus diesen Jahren der Zurückgezogenheit, des inneren Lauschens und Wachsens, des Schaffens reifer Meisterwerke zieht ein Auftrag den Künstler auf eine neue Bahn. Er folgt 1874 der Einladung eines Verehrers und späteren Freundes Dr. Eiser zu einem Besuch in der Mainstadt Frankfurt und malt dort einen Gartensaal mit Landschaften aus. Ein Teil des Honorars wird in einer ersten halbjährigen Reise nach Italien, auf der ihn Lugo begleitet, angelegt. Der Eindruck war gewaltig. Eine ganz neue Welt eröffnet sich. Der Dom und die zahlreichen Profanbauwerke aus der Renaissance zu Florenz, der strenge Stil und die geniale Mache der alten Bild- und Fresco-Maler schlagen ihn tief in Bann; er fühlt sich besonders zu Botticelli und Signorelli hingezogen. Siena und Rom, wo er mehrere Monate weilt, erweitern den Blick in diese Welt jenseits der Alpen; er fühlt sich überall erhoben und nach der seiner Art natürlich liegenden Seite monumentaler Kunst gezogen. Diesen unvergesslichen Eindruck formte der Künstler in seinem ebenso flüssigen als gedankenvollen Briefstil gegen mich vor Jahren einmal wörtlich: „Für Manches, was ich geahnt und erstrebt, fand ich frohe Bestätigung und viele Samenkörner für eine grosse und reine Kunst fielen in mich."

Ein ganz eigener Ton aber, der noch lange Jahre

danach hier und da im Thoma-Werk vernehmbar wird,
ergab sich in diesen genussfrohen italienischen Tagen
aus dem flüchtigen Berühren und Zusammenklingen
mit Hans von Marées, jenem seltsamen Künstler und
Torso grosser Begabung, dem ein dämonisches Miss-
geschick fieberhafte Hervorbringung von Blüten auf-
erlegt, aber Reife und Frucht gänzlich versagt hatte.
Vielleicht war sein Gehirnleben zu unruhig und seine
Selbstkritik zu stark für ein ruhiges Wachsenlassen;
er rieb sich jedenfalls damit einsam in seiner geschlossenen Werkstatt auf, ein trotziger Stolz aber liess
ihn nach aussen die Maske des geistreichen Aesthe-
tikers vorhängen, wie ihn Heyse als Maler Rossel in
seinem Münchener Künstlerroman »Im Paradiese« gut
gezeichnet hat. Er blendete und berauschte jeden
Menschen von Kunst und Geist damit und zog ihn
magnetisch an; das Ende war immer, dass der Nimbus
einestags verflog und der Ernüchterte schleunigst das
Weite suchte, weil er für seine naive Unbefangenheit
fürchten musste. Thoma hat nur die Anziehungskraft
ohne die Enttäuschung bei Marées erlebt, weil er ihm
nur flüchtig näher trat und beide Künstlernaturen eine
gewisse Verwandtschaft in ihren Grundanschauungen
besassen. Eine Empfehlung an den hochbegabten und
so einsamen Mann verschaffte Thoma eine sehr freundliche Aufnahme und sogar Eintritt in die sonst ängst-
lich vor Jedermann gehütete Werkstatt. Und dann
sassen diese beiden musikalischen Seelen drei Tage
lang ausschliesslich beisammen, vergassen die Welt
draussen und tauschten Stimmungen und Ansichten

über Kunst aus, in deren Erinnerung sie fortab Freunde blieben und durch Bekannte Grüsse regelmässig austauschten, ohne einander je wieder zu sehen. Sie trafen in ihrem Naturbekenntnis wie in ihrer Stilgläubigkeit, eine so andere Mundart auch Jeder sprach, viel zu genau zusammen, um einander je vergessen zu können; das Stille und Handlungslose idealen Naturdaseins, der erhabene Ernst und das Klanggefühl war nur durch die Schattirung bei ihnen verschieden, sodass man nicht selten den Schatten von Marées durch ein Bild von Thoma gleiten zu sehen meint. Der weltgewandte und weltbürgerliche Maler vom Niederrhein und der erdhaftende wie kerndeutsche Mann vom Schwarzwaldufer des Oberrheins lustwandelten als natürliche Gesellen durch dieselbe Welt klingender Harmonieen, die zu gestalten der Letztere freilich gelassener und erfolgreicher war. —

Von Italien kehrt Thoma nach Frankfurt zurück, wo er unter dem Eindruck gewaltiger Erinnerungen jetzt sann, keimende Wünsche nach monumentalem Wirken in Farbe und Form umzusetzen. Ein befreundeter Maler F. Sattler schlägt ihm vor, in Ermangelung entsprechender Aufträge mit ihm gemeinsam zunächst einmal einen seiner Familie gehörigen Weinbergturm bei Schweinfurt auszumalen, worauf der Künstler eingeht. Nach vollbrachtem Werke kehrt er jedoch fröhlich nach München zurück.

Auch der zweite Münchner Aufenthalt Thoma's von 1875—77 ist von weihevoller Stimmung erfüllt. Prächtige Werke entstehen. Der alte Kreis findet sich in alter Harmonie mit geringen Veränderungen wieder zusammen. Er erhält seinen Glanz durch die Anwesenheit des sehr bewunderten Schweizers Böcklin, der, nur ein Dutzend Jahre älter, dem Schwarzwaldnachbarn freundschaftlich entgegenkam. Er sprach öfter in Thoma's Werkstatt vor und stellte sich oft peinlich lange vor dessen neueste Bilder hin, ohne ein Wort des Lobes oder Tadels verlauten zu lassen und mit deren Urheber zu reden; er drückte aber seine Anerkennung durch die Art seines schweigsamen Sehens und Geniessens so beredsam aus, dass dem Jünger das Herz nicht selten vor Lust pochte; womit denn die beiden Leute in gegenseitiger Schätzung trefflich mit einander auskamen.

Das war ein erquickendes Labsal in diesem zweiten Münchner Aufenthalt, den Thoma nur durch gelegentliche Besuche in Bernau sowie in dem ihm mit seiner reizvollen Umgebung immer lieber werdenden Frankfurt unterbrach. Ein anderer Lichtpunkt war der Gewinn einer treuen Lebensgefährtin, bei welcher staatsbürgerlichen Pflicht er mit der ihm eigenen Klugheit zu Werke ging. Er fragte nämlich nur sein Herz, das eine bildhübsche, feurige und blutjunge Malerin voll Gemüt und Begabung über die Maassen liebgewonnen hatte, und hielt dann sorglos Hochzeit. Mit ihr kam Segen ins Haus. Sie glaubte felsenfest an den Stern ihres Mannes, was als Ansporn für die Thatkraft eines Künstlers nicht zu unterschätzen ist; sie wusste in den knappen Jahren des Harrens die Mittel für den Haushalt, der durch Aufnahme von Mutter und Schwester

Thoma's an Personenzahl noch verdoppelt ward, aus dem Erträgnis einer von ihr eröffneten Damenmalschule zu erhöhen und dabei doch stets mit einem seltenen Takt hinter ihrem bedeutenden Mann zurückzutreten, — kurz, sie ward eine der prächtigsten Malerfrauen, die man sich denken kann, und verbreitete ein ungetrübtes Glück im Haus. —

Seit 1877 wohnte der Künstler ständig in Frankfurt, — in der Stadt Goethes, Börnes, Schopenhauers, — auch Thoma's, wie man jetzt getrost sagen kann. — In anmutiger Berglandschaft, deren Juwel der Taunus ist, gelegen und durch grüne Höhen von allen Seiten geziert, ist Frankfurt eine der schönsten Städte Deutschlands. Vornehm-stille Paläste und behagliche Villen in den neuen Stadtteilen, — malerische Gassen und Bauwerke in den alten gehen so gut ineinander an dieser Stelle wie weiche Milde der Luft, Farbenlust, süddeutsches Lebensbehagen mit norddeutscher Betriebsamkeit. Eine schier traumhafte Vergangenheit und alte Bedeutung wird kaum durch einen grossstädtischen Verkehr in den Hauptstrassen verscheucht. Beide vertragen sich gut miteinander, weil Alles natürlich gewachsen scheint und Frankfurt eine Weltstadt mit grossartigen Beziehungen schon seit langer Zeit war. Eine schöngeistige Ueberlieferung hat sich erhalten und ist in verfeinerter Bildung fruchtbar geworden; der Durchschnittsgeschmack ist geläutert; der Menschenschlag feinnervig, intelligent, gewandt. Börse und Handelsverkehr bestimmen das öffentliche Leben; ein Goldschimmer ergiesst sich von ihnen und aus den

Palästen der alten und neuen Handelspatrizier über die
Strassen und weit in die Umgebung hinein; überall
stösst dem Wandernden ein im Geschmack sehr gewählter Luxus auf und nirgends trifft man soviel tadellos elegante Männer, die keine Gecken sind, — nirgends soviel elegante und schöne Frauen als hier. Ein
fast pariserischer Hauch von Parfüm mischt sich davon
in diese weiche und ermüdende Luft, der einem auf
der Strasse, in den Häusern und an den Vergnügungsorten seltsam und kosend entgegenschlägt und den
Sinnen mit Bildern von einer durchtrieben verfeinerten
Kultur schmeichelt. In dieser Luft und Umgebung
war der Steppen- und Pferdemaler Schreyer, der weltmännische Herkömmling des zweiten französischen
Kaiserreichs, der Mann des Tages, — für frischen
Wiesengeruch, getragenen Ernst und keusche Waldträume waren schlechterdings in dieser geputzten Stadt
mit der Miene süsser Sündhaftigkeit die Geister nicht
empfänglich. — Darin liegt Thoma's äusseres Schicksal
während seiner 22 Frankfurter Jahre. Lockte ihn die
Nähe von Taunus, Spessart, Odenwald, Schwarzwald
mit ihren köstlichen Phantasierevieren, — reizten seine
starke Innennatur die Wonnen künstlerischer Einsamkeit, die eine Kunststadt nie so vollkommen bietet, —
hoffte er bei dem örtlichen Reichtum allmählich ein
dankbares Absatzgebiet zu finden? Gab das Letztere
vielleicht auf den Rat wohlwollender Freunde hin den
Ausschlag, so war es ein bitterer Trugschluss. Thoma
kam bei der geschilderten Eigenart der Stadt hier erst
zu allerletzt in Aufnahme, als er im übrigen Deutsch-

land schon berühmt war. Er wäre in München spätestens in der halben Zeit ein gefeierter Künstler geworden.

Es ging ihm zunächst viele Jahre hindurch in Frankfurt knapp und lange Zeit musste er sich sogar ohne eigentliche Werkstatt behelfen; aber es war doch ein kleiner Verehrerkreis da, der regelmässig kaufte, wenn er auch nicht viel zahlte; und der auch nicht genug Werke von dieser Hand erhalten konnte. Bei seinen wirtschaftlichen Eigenschaften schlug sich Thoma auf diese Weise rechtschaffen durch, ohne darben zu müssen oder sich gar als Märtyrer zu fühlen. Sein alter Frohsinn vielmehr liess ihn das Leben nehmen wie es ist, und eine unbesiegliche Zuversicht war alle diese dunklen Jahre bei ihm, da kein Mensch in der Öffentlichkeit von ihm Kunde hatte. »Meine Zeit kommt auch noch«, pflegte er ständig zu sagen, wenn von der blinden Welt unter seinen Freunden die Rede war. Ihn stärkte und vergewisserte die Anhänglichkeit und der Bildhunger seiner Verehrer bei dieser Selbstkritik nicht wenig. Kaufte doch einer derselben, ein in Liverpool ansässiger Frankfurter namens Minoprio, in diesen Jahren allmählich etwa 60 Bilder, — 60 der herrlichsten Thoma's mit der bezaubernden Würze der Künstlerjugend! — und veranstaltete davon 1885 in Liverpool eine Sonderausstellung unter erheblichem Aufsehen. Ein anderer Verehrer namens Ravenstein liess sich seine Villa vom Künstler schmücken, — wieder Andere wie der verstorbene Dr. Eiser suchten in Wort und Schrift für die Anerkennung des Einsamen zu wirken.

Pecht hat einmal, — irre ich nicht bei der Betrachtung von Schwinds Lebenslauf, — geäussert, dass jeder geniale deutsche Künstler unfehlbar zu den verdienten

Kentaurenspiel.

Ehren komme, wenn er sich bis zu seinem 50sten Lebensjahr durchzuschlagen vermöge. Unser Meister musste sogar noch ein Jahr länger warten. Er stellte im Mai 1890 im Münchener Kunstverein etwa 30 Bilder aus, die nicht nur ein geradezu unerhörtes Aufsehen machten, sondern auch fast insgesamt verkauft wurden. Der Name Thoma hatte mit einem Schlage Vollklang neben Böcklin und Klinger. Das brachte den kleinen, inzwischen grau gewordenen Herrn freilich nicht mehr aus der Ruhe; er war seiner Sache immer sicher gewesen; auch hatte er Narrheit und Wahn der Menge mit ihren willkürlichen Eingriffen in sein Schicksal allzusehr in den 20 Jahren zwischen der Karlsruher und der Münchner Ausstellung ausgekostet; ihn blendete und beirrte deshalb auch der späte Beifall nicht mehr. Nur dachte er jetzt an grössere Behaglichkeit der Lebensführung. Im Sommer sass er mit seiner Familie fortab in dem Landstädtchen Oberursel am Taunus, wo ein freundliches Haus mit hübschem Garten einen fesselnden Ausblick auf das Gebirge bot, — im Winter hauste er in einer eigenen kleinen Villa an der nordwestlichen Stadtgrenze von Frankfurt und nahe der freien Natur und empfing hier gastlich seinen alten Freundeskreis, zu dessen Stamm: Dr. Eiser, Prof. Dr. Zinzer in Wiesbaden, Henry Thode, — welcher Thoma's erste Beziehungen zum »Wahnfried« in Bayreuth vermittelte, — Frau Anna Spier, — die als eine der Ersten und mit feinem Verständnis über Thoma schrieb, — sich bald neue gesellten, sodass es mit der seit 2 Jahrzehnten im Hause Thoma herkömmlichen Märchenstille bald ein Ende hatte.

Eine neue Jugend kommt mit diesem Aufschwung über die Künstler-Schaffenskraft. Duftige Märchenträume erwachen in anmutiger Farbengestalt; seine alte Romantik erreicht ihre Höhe und kennzeichnet des Meisters eigenste Bahn; bald wendet er sich unter weitem Aufsehen dem Steindruck zu, durch den er in Basel einst vergeblich in die Kunst zu schlüpfen trachtete, und erfindet einen künstlerischen Stil dafür; er versucht sich in der Radierung und das an köstlichen Einfällen reiche Album der »Federspiele« entsteht.

In demselben gegenwärtigen Jahr 1899, als der Meister sich in Cronberg am Taunus nunmehr auch für den Sommersitz ein eigenes Landhaus erbaute, sollte ihm noch eine glänzende Genugthuung für die einstigen Karlsruher Erlebnisse zu Teil werden. Der Grossherzog Friedrich von Baden, der seinen einstigen Schützling inzwischen nicht vergessen hatte, berief ihn bei Freiwerden des Postens als Direktor des Karlsruher Museums und verlieh ihm gleichzeitig eine Professur an der Karlsruher Akademie, deren leidensvoller Zögling er einst war. Ein Kreislauf hat ihn dorthin zurückgeführt, wo er einst hoffnungsselig in die Kunst zog und dann geächtet fliehen musste, — berühmt und gefeiert kommt er als einer der Besten in künstlerisch bedeutender Zeit jetzt heim, — vor allem aber als ein zufriedener und beneidenswert glücklicher Mann. — — --

* * *

— — Ganz unbekannt mit Satzung und Regeln einer wohlangesehenen Malerzunft, in löblichen Gebräuchen völlig ununterrichtet und unwissend in jahrhundertalter Anwendung der einfachsten Hilfsmittel ist

Hans Thoma einst nur durch dunklen Trieb in die Kunst geleitet worden. Der blaue Himmel, der über seinem Heimatthal sonnte, die Pappeln und Erlen am Wildbach rundete, das Summen der Käfer im satten Grün weckte und funkelnde Tiefen in der Walddämmerung schuf, — die Mondnacht, welche mit sehnsüchtigem Flüstern das ruhende Dorf umarmte und ihm Mären zuraunte, waren seine natürlichen Lehrmeister und hiessen ihn unermüdlich in diese kleine Welt schauen, sein Auge an ihr schärfen und in Farben nachbilden, was er in zäher Beobachtung Jahre hindurch in ihr entdeckte. Kein nüchterner Laut von draussen hallte störend in diese Abgeschiedenheit; kein wechselndes Bild oder flüchtiges Ereignis, wie in der Stadt, brachte Unruhe in die nervenlose Gelassenheit des Schaffenden, dem auch die einfache Kost und die schlichten Sitten des Landes unsichtbare Helfer im Treffen des Naturtons waren; herzwarme Volksdichtung und wehmütige Liedesklage um Liebe und Vergangenheit, um Heimat und Glück hielten den Geist frisch und empfänglich; aus der Natur ringsum geschöpft hielten sie alle Zwiespältigkeit von diesem unberührten Wesen eines jungen Malers fern, der nicht wusste, dass er ein Künstler und ein bedeutender Entdecker war.

In diesen Bernauer Jugendzuständen liegt die einfache Grundformel für das gesamte Thoma-Werk: die Natur, welche in Einsamkeit, Selbstvergessenheit und mit einer um Jahrzehnte vorausgeschrittenen Unmittelbarkeit durch die Künstlerhand gespiegelt wird.

Erst ein Jahrzehnt, nachdem Thoma vom Schwarzwald in die Ebene und in das Welttreiben hinuntergestiegen ist, gewinnt diese Formel durch Dürer und Courbet eine Schattirung und mit der Künstlerseele ist eine Veränderung vorgegangen. Gesammelter und geläuterter wird das Naturbild bei ihm; ein geheimnisvoller Lebensodem hat Einkehr gehalten; die Gottheit geht durch Hauch und Geflüster von Wasser und Wald; ein mystischer Priester ist der Künstler geworden, der mit gedämpftem Wort von grossen und unfassbaren Dingen spricht, die sich ihm hinter der Maske der Wirklichkeit enthüllen wollen; er selbst aber geht jetzt in dionysischer Entrücktheit und Verzauberung einher, denn ein seltsames Klingen liegt ihm im Ohr, so oft er in die Landschaft hinein und die Kreatur in ihr erblickt.

Nahezu 2 Jahrzehnte dauert dieser innere Zustand des Künstlergemüts, der heute noch nicht überwunden ist. In seiner letzten Spanne aber beginnt sich eine neue Schattirung abzulösen, die nur in der Vereinfachung von Farbe, Zeichnung und Phantasie wesentlich neue Merkmale nach aussen zeigt, im Grunde aber nur eine reifere Auffassung metaphysischen Bekenntnisses zu nennen ist. Auf dieser dritten und bisher letzten Stufe neuartiger Gefühlsromantik sind die zuvor unsichtbaren Geister der Natur zu traumhaftem Leben erwacht, der Meister aber gebraucht statt der Wirklichkeit jetzt mit Vorliebe Abkürzungen von idealer Einfachheit und Sinnfälligkeit.

Diesen inneren Weg ist der Künstler leidenschaftslos, herzwarm, die Seele von Charfreitagszauberklängen erfüllt, in 3 Stufen gezogen, — immer als der gleiche sehnsüchtige, stille und keusche Mensch, in welche Gestalt er auch seine Offenbarungen zu kleiden versuchte. Auch sein Stil ist in allem Wechsel immer auf dieselbe grosse Einfachheit, Ruhe und Feierlichkeit gestimmt gewesen, wenn er auch im Gang der Entwickelung eine dreifache Form erkennen lässt. Immer hat Idee und Inhalt, immer der tiefe Klang die Gewalt. So sehr, dass dieser meisterliche Darsteller auf die moderne Beobachtung von Luft und Licht und andere optische Errungenschaften als auf ernüchternde Störenfriede der Stimmungsweihe meist verzichten zu können glaubte, je reifer er wird, und viel lieber zu den altertümlichen Saitenspielen vergangener Malerstile griff, wo ihm ein Ton ganz besonders rein durch die Seele klang.

In der Art, wie Thoma ein Bild aufbaut, erkennt man, wie gut er in seinem klugen Sinn die Alten beobachtet hat. Er ordnet fast immer glücklich und wohlerwogen an; er hat eine feine Hand bei aller Freiheit von verbrieften Satzungen, sodass seine Menschen immer dort stehen, wo sie stehen müssen, um den Rhythmus nicht aufzuheben. — Dazu kann er ganz prächtig zeichnen, verfügt meist sicher über die Verhältnisse der menschlichen Gestalt und deren Abmessungen im Freien, nicht ohne jedoch gelegentlich von den Lehrsätzen hier abzuweichen. Er weicht auch in der Zeichnung mitunter davon ab. Auf wichtigere Dinge des Nachdrucks und der Harmonie gerichtet

Adam, Eva und Tod. Nach dem Steindruck.

lässt er sich manchmal hier gehen; öfter freilich opfert er die Richtigkeit in Maass und Strich dem musikalischen Fluss zu Liebe, auf dem bei ihm stets der Ton liegt. Dabei schätzt er die Zeichnung im Bilde so sehr, dass er, der in der Jugend es in der Überwindung des Umrisses mit dem geriebensten Tonakrobaten von heute aufnahm, in seiner mittleren Zeit in der Weise der Alten und der Glasmalerei gern ein breites Band um die Gestalt sich winden liess. Er hat eben sein Seelenheil niemals in verblüffenden Leistungen der Mache gesucht. Deshalb reizt ihn auch die Rundheit der Formen, die Stoffähnlichkeit, das Gewicht der Masse nicht besonders; er zieht flache Ansichten wegen ihrer reineren symbolischen Wirkung gern vor. — Am allermeisten kann und wirkt er als richtiger Akkordmensch mit der Farbe, in deren Beherrschung er ein genialer Virtuose ist und über zahllose Stufenleitern verfügt, so oft ihm daran liegt. Sie kommt in vielartiger Machweise bei ihm vor. In der Frühzeit treibt er Ölmalerei; dann wendet er sich gleich Böcklin, Klinger, Prell, Stuck der Temperafarbe zu und zuweilen auch der Wasserfarbe. Jene Machart mit ihren glanzvollen Tiefen, ihrer Geheimnisäugigkeit liegt ihm ausgezeichnet und ist ihm auch durch die Zügelung der Arbeitsweise sehr angenehm. Er benutzt sie oft zur Untermalung und geht mit Lasurfarben darüber her; sie kommt auch alla prima und dann mit Firnissdecke bei ihm vor; einige seiner Bilder sind ausserdem ganz in Lasuren hergestellt. Als eine nachdenksame und stets Problemen nachtastende

Natur liebt er auch die Versuche in verschiedenen Machweisen, so dass allein aus seinen malerischen Eigenschaften ein ungemeiner Reichtum spricht.

Aus dieser Grundlage der Mittel und ihrer Beherrschung wächst Thoma's künstlerischer Stil durch 4 Jahrzehnte in 3 Stufen, wobei sich als eigentümlich zeigt, dass die beiden letzteren sich nicht genau trennen, sondern neben einander herlaufen. Da ist seine früheste Schwarzwaldweise mit den einfachen, frischen, ungebrochenen, lichtsatten, fast bäurisch zu nennenden Tönen eines urwüchsigen Naturalismus. Ohne eigentlich Licht- und Luftmaler in strengem Sinne zu sein, erzielt er durch die äusserst scharf beobachtete Stufung der Farbe eine auffällige Raumtiefe und ein Freistehen der Gestalten, für deren lebhaften, heiteren und individuellen Gesichtsausdruck er sonderbarerweise damals mehr Auge und Sinn besass als später. Dieser frühe Stil, der durch seine Unmittelbarkeit das Publikum von Karlsruhe einst so sehr erschreckte, macht Thoma zum Genossen von Böcklin, Menzel, Schmitson und zu einem der bedeutendsten Vorläufer moderner Kunst, was bisher ziemlich unbekannt geblieben ist. Er verschwindet allmählich unter dem Eindruck Dürers, Courbets wie des Münchner Kreises, und ich kenne kein Bild, in dem er später noch einmal auftauchte.

In diese kraftvolle Ursprünglichkeit eines ungebrochenen Naturlauts senkt sich eines Tags Dürer mit seiner gebundenen Schönheit und Kraft. In der Farbe kommt Canon als Vorbild zum Wort, das Courbet zum Dithyrambus stimmt; Marées, Böcklin, Viktor Müller,

Leibl dämpfen das Feuer neuen Glaubens an die geheimnisvolle Macht der Farbe; Jeder ist von ihnen am Reifen von Thoma's zweitem Stil beteiligt; Keinem ist er unterjocht; die eigene Naturandacht des Mannes und das mystische Prophetentum seiner inneren Melodieen schaffen sich einen eigenen Ausdruck. Von dunkler Lage, ist er teils schwer, trübe und melancholisch, — teils von lebendigem Goldton und weichem Glanz, der begreifen lässt, dass Tizian und Rembrandt von jeher seine Lieblinge unter den Malern waren. Bald ist der Ton in diesem Stil ganz tief gestimmt, bald dämmerig-aufgehellt, sodass man sowohl von einer Moll- wie Durtonart desselben reden kann. In ihm liegt Thoma's Jugendkraft in ihrem ganzen Liebreiz offen und dazu eine handwerklich oft ideale Malerkunst, die hier in würziger Milde und altmeisterlicher Tiefe die meisten Wirklichkeitsvorwürfe, die Bildnisse, die schönsten religiösen Bilder und einen Teil der landschaftlichen wie romantischen Werke schuf.

Der dritte Stil ist seit Ende der 80er Jahre schliesslich ganz ohne äusseres Vorbild und von innenher im Zusammenhang mit dem Reifen der romantischen Anschauungswelt gewachsen. Vielleicht dass die inzwischen begonnene Ausbildung vom Steindruckstil unseres Künstlers auf seine Grösse nicht ohne Einfluss war. Stumpfe oder glatte grosse Farbenflächen in hellem, oft silbrigem Licht ohne Quelle und Raumentfaltung, — Figuren von erhabener Einfachheit versinnlichen in diesen herz- und augebezwingenden Stimmungsrätseln die Grundprobleme Thoma'scher Gefühls-

Die Flucht nach Aegypten.
(Aus dem Thoma-Werk, Verlag von Franz Hanfstaengl in München.)

romantik. Er hat jetzt hier für den geheimen und immer deutlicher werdenden Leitakkord seines begnadeten Künstlerlebens eine vollendete und ureigene Form gefunden. — — —

*   *   *

Welch' ein unerschöpflicher Reichtum von Erfindungen und Tonarten ihrer Behandlung aber strömt demjenigen entgegen, der ein oder das andere Werk von Thoma sah und gebannt davon sich nach weiteren Dingen dieser Art umschaut! Der schlichte Herzton und die bescheidene Einfalt des Stils lässt gar nicht ahnen, wie vielseitig der Mann war und was für erlesene Meisterwerke er geschaffen, ohne dass die Welt immer Kenntnis davon nahm und sich darüber aufgeregt hat, wie sie es bei einem neuen Werk von Böcklin, Klinger oder Menzel zu thun pflegt. Die Einfachheit und Anspruchslosigkeit im menschlichen Wesen des Künstlers steht in der That in einem seltsamen Gegensatz zu seiner Einbildungskraft wie zu einer unleugbaren Meisterschaft auf vielen Gebieten, und man kann sich oft des Vergleichs nicht erwehren, dass hinter dem schlichtbürgerlichen Kleide einer moralisch wie musikalisch in etwa gleichem Grade gearteten Aesthetik ein künstlerischer Millionair steckt, von dessen Bedeutung seine Zeitgenossen kaum eine Ahnung haben, so sehr er gefeiert wird. Hat doch ein neidisches Geschick weitaus die Mehrzahl seiner Hauptwerke in das Ausland und in Privatbesitz der Provinz übergehen lassen, so dass lange Jahre hindurch nur das Hanfstaengl'sche

Thoma-Werk verriet, welche Meisterschöpfungen entstanden sind, ehe der Romantiker Thoma entdeckt ward.

Wie vielartig und beweglich eine Künstlernatur aber auch sein mag, sind es doch stets gewisse Grundlaute und ein bestimmter Vorstellungskern, welche mehr oder minder sichtbar und häufiger wiederkehren, die Quelle des Schaffenstriebes verraten und hier und da mit besonderer Liebe und besonderem Glück geformt den Schlüssel gewissermassen für Art und Gesetz des Gesamtwerkes abgeben. Bei Thoma vertreten zwei Vorwürfe diese Stelle. Der zweite und bedeutendere soll die Betrachtung der romantischen Lebensstufe einleiten, — der erste, künstlerisch weniger grosse aber umfassendere Gegenstand möge die Pforte zum Eintritt in das Gesamtwerk von Hans Thoma bilden; enthält er doch gleichsam Alles.

In München 1871, noch unter dem Eindruck des verhängnisvollen Karlsruher Erlebnisses, aber innerlich gestärkt durch gelassenes Selbsterkennen und den Zuruf genialer Malerfreunde, hat Thoma ein als Gemälde und Steindruck mehrfach später behandeltes Bild geschaffen: »Der Violinspieler«. Es ist ein ausgeklungener Seufzer gleichsam, ein gedämpfter Sehnsuchtslaut nach der Heimatscholle mit ihrem inneren Frieden, in dem noch ein letzter Rest von Herzeleid eines seelenvollen Gemüts leise nachtönt, — aber trotz dieses Persönlichen bleibt es doch ein vollwichtiges Programm-Werk. — Da liegt in sommerlicher Mondnacht auf dem Lande draussen ein bäuerlicher Garten

mit Feuerlilien auf schmucklosem Beet und von einem
Stacketenzaun umgeben still und friedlich unter dem
tiefblauen, nur dünn gesternten Himmel; dunkel ist
schon das hochgegiebelte und tiefgedachte Nachbarhaus nahebei; schattenhaft die Waldmasse am Horizont.
Eine märchenhafte Helle fliesst von der grossen silbernen Mondscheibe über den Wald durch die schweigsame Nacht her; sie versilbert die Zaunspitzen, den
Baumstamm links daneben; sie zieht einen leuchtenden
Umriss um die sitzende Gestalt eines hemdsärmeligen
jungen Landmanns, der in schwermütiger Ergriffenheit
den Bogen über die klagenden Saiten seiner Geige
streicht. Wenige grosse Farben; ein geringer Aufwand
an Linie; weniger als ein Sittenstück und ohne virtuoses
Glänzen ist es ein einfacher und reiner Naturlaut.
Jeder Dutzendkenner geht unfehlbar mit klugem
Lächeln vorüber. Ein paar Dinge fallen auf. Nähme
man den Spieler heraus, wäre die Landschaft verzerrt,
gesucht und ausdrucksarm; denkt man sich den Hintergrund fort, so erschiene der Mann in seiner leidenschaftlichen Bewegung übertrieben und man wüsste
nicht, wozu der Aufwand an Körperkräften bei ihm
dienen solle. Eines gehört notwendig zum Anderen;
der Spieler giebt die Melodie für den Unterton der
nächtlichen Natur, — diese aber versinnlicht und verkörpert das tausendfältige leise Regen und die verhaltene
Sehnsucht ihres Traumschlafs in diesem ihrem Geschöpf,
das in den Gängen eines Volksliedes unklare Qual und
zitterndes Herzweh der Menschenjugend loslöst vom
Körper und auf den Schwingen der Musik zu Träumen

Dämmerung im Buchenwald.
(Aus dem Thoma-Werk, Verlag von Franz Hanfstaengl in München.)

von Liebe, Ferne, Zukunftsglück entflattern lässt. Das Bild ist also in jedem Zuge symbolisch; es unterscheidet sich darin von 1000 anderen Darstellungen dieser Art, wie Alt-Düsseldorf namentlich, Alt-München, Alt-Berlin und Wien sie hervorgebracht; es wird damit das Werk eines echten, oder wenn man will, grossen Künstlers, vor dessen tiefem Sinn die Erscheinung nur einen symbolisch-allegorischen Wert hat.

Und hier wird damit auch der tiefe Herzlaut und eine Art von Generalvorwurf aller Thoma'schen Kunst sichtbar. Die Natur in ihren grossen Zuständen und Stimmungen ist der Urlaut, der Mensch darin ihr einfaches, abhängiges, sinnvoll nur ihre Regungen ausdeutendes Geschöpf. Gleich frei von endlosen Gedankenfernen, von Willkür geistiger Beziehung und Phantastik ist Thoma hier und immer Künstler in dem Sinne, in welchem sich einst Merck über Goethe äusserte: er giebt wie sein Frankfurter Halb-Landsmann dem Wirklichen die poetische Gestalt. —

In diesem glücklichen Zusammenklang keuschen, unmittelbaren und tiefen Naturgefühls mit einem gehobenen Stil des Ausdrucks ist Thoma eine bedeutsame Erscheinung in der heutigen *Landschaftsmalerei* geworden und hat eine eigene Auffassung von Zukunftswert begründet, ohne dass er ein Fachmaler ist und mit den heute herrschenden Anschauungen davon etwa zusammengeht; er erscheint hier als ein Verwandter romantischer Landschaftskunst, aus deren Unterricht er ja einst als ein Aufgegebener hervorging. — Die Landschaft hat im Kreislaufe des Jahrhunderts bei uns sonderbare Schicksale gehabt und ist mehr als einmal in eine Sackgasse geraten. Die Naturfeindlichkeit des Barokko und Rokoko hatte zuvor mehr als 2 Jahrhunderte hindurch die Sinne für die Grösse der gewachsenen Formen stumpf gemacht und vergessen lassen, mit welcher Tiefäugigkeit unsere Altvordern der Renaissance in die freie Natur hineingeblickt. Jahrzehntelang seit Koch und Carstens schien nur der Schauplatz der Antike den führenden Meistern einer Darstellung würdig, und deren Linien, Farben und Formen zwangen sie auch einem gelegentlichen Heimatvorwurf arglos auf, was man bei Koch, Rottmann, Preller deutlich verfolgen kann. Sie liefen anscheinend mit Scheuklappen durch ihre Heimat und im Geschwindschritt, und wüsste man von Preller nicht zuverlässig, dass er in Weimar gelebt hätte, so könnte man meinen, dass ihm die liebliche Anmut Thüringens niemals bekannt geworden wäre. — Erst den Romantikern, den Malern mit dem verschnittenen Malvermögen aber genialen Pfadfindern auf der Suche nach dem künstlerischen Rassengenie gingen die Augen für die landschaftliche Schönheit unseres Vaterlandes auf; sie erkannten auch die natürliche Forderung der nationalen Aesthetik, dass ein geistig oder seelisch erfassbarer genius loci in einer Landschaft enthalten sein müsse, um dem Deutschen bei seiner Sinn- und Gemütstiefe diese verständlich und interessant zu machen. Das war eine weittragende Entdeckung; sie wird in ihrer raschen Ausbildung damit verständlich, dass alle diese Künstler wie Blechen, Lessing, Schirmer, L. Richter, Schwind,

Christus und der Versucher.
(Aus dem Thoma-Werk, Verlag von Franz Hanfstaengl in München.)

Spitzweg keine Fachlandschafter und daher unbefangener den Grundproblemen gegenüber waren, als biedere und ehrenfeste Zunft dies leider gemeinhin ist. Diese Entdeckung ist wieder verloren gegangen, weil die Romantiker in ihrem Mangel an Farbensinn über eine Beengung des Ausdrucks und ein Anklammern an einen litterarischen Kern der Auffassung nicht hinauskamen. — Die zunehmende Wirklichkeitsfreude und eine wachsende Ständescheidung der Malerei nach Gebieten haben seit den 60er Jahren eine dritte Auffassung gezeitigt. Andreas Achenbach und Schleich im besseren wenn auch beschränkten Sinne, — Ed. Hildebrandt und Oswald Achenbach im schlechten einer armseligen Auslandsucht haben eine Wirklichkeitsdarstellung mit dem Gewicht auf virtuose Meisterschaft im Handwerk gepflegt. Unter ihren Händen wird die Landschaft ein blosses Schaustück, das denn auch folgerichtig durch die Entwickelung des farbigen Lichtbildes verdrängt ist. — Seitdem hat die in Blüte gekommene Naturwissenschaft mit ihren Entdeckungen in der Chemie, Optik, Mechanik eine ganz neue Landschaftsdarstellung hervorgerufen, der Licht, Luft, mikrokosmische Betrachtung der freien Natur die Hauptsache waren. Für Schärfung und Erziehung des Künstlerauges sehr wichtig, konnte sie bei ihrem völligen Mangel an künstlerischer Innerlichkeit nicht mehr als ein Uebergang sein; sie ist denn auch in schnellem Entschwinden; erkennbar dagegen wird, wie Böcklins Anregungen zu wirken beginnen und bei den Worpswedern z. B. schon Früchte tragen.

Als in Deutschland noch die romantische Landschaftsmalerei herrschte, malte Hans Thoma bereits als ein Vorfahre der Modernen Bilder, die gestern und ehegestern geschaffen sein könnten, — so getränkt waren sie mit neueren Erkenntnissen und Anschauungen. Als die Wirklichkeitslandschafter die Führung übernahmen, hatte er diese beschränkte Auffassung von der Natur bereits überwunden und eine Durchgeistigung gewonnen, die immer bewusster auf eine mystisch-romantische Naturempfindung zusteuert, wie sie einem Mann von tiefem Gemüt und ebenso vertiefter Bildung in Deutschland von jeher eigen war. Im Böcklinband ist darauf schon eingehender hingewiesen. — Mit dieser Art hat Thoma bisher nahezu allein gestanden in neuerer Kunst. Nach Licht, Luft, Farbenschwingungen und den optischen Beobachtungen, die heute jedem Landschaftsmaler zuerst am Herzen liegen, hat er nicht sonderlich gefragt. Was er davon im Ganzen oder gelegentlich einmal aufnahm, ist kaum der Rede wert. Es hat ihn auch naturgemäss nicht gereizt, eindrucksmässig die Natur als Sehtäuschung wiederzugeben oder alles das Besondere aufzusuchen, welches für ein dem Mechanischen zugewandtes Temperament so viel des Verführerischen hat, wie z. B. Schneefelder, Nebelhüllen, Thau- und Regenwetter, prunkende Sonnen-Auf- und Niedergänge, Gewitter, spielende Lichter im Wald, Herbstfarben, Sumpflicht, Hochgebirge, Wasserspiegelung und Wasserdunst. Alles dies hat er nahezu niemals gemalt. Er ist vielmehr ein Schönheitsapostel, wenn man dies nicht in antik-klassischem, sondern in deutschem Sinne für das Heitere, Helle, Sonnige oder auch Abenddämmernde und Nachtpoetische, für das Idyllische, Geschlossene, Eigenartige und Bedeutungsvolle im Kleinen nehmen will. Nicht immer sind es die anmutigen Ausblicke und Orte, die ihm Griffel und Pinsel in die Hand drücken, wohl aber stets stille Plätze voll Heimlichkeit, Abgeschiedenheit und einer Phantasie anregenden Art. — Stets tritt er wie ein leidenschaftlicher Fusswanderer alten Schlages mit Ränzel und Stab in die Natur hinaus; eine bewundernswerte Empfängnisfrische lässt ihn bald ein grosses Ackerfeld am Dorf oder einen einsamen Winkel betrachten; der Ort beginnt vernehmbar zu ihm zu reden; er erlauscht die Pulsschläge und Atemzüge der Erde; auf sein Gemüt wirkt das Geheimnis, das die Natur für einen tief angelegten und vom Leben noch nicht verflachten und verdorbenen Menschen stets hat; er sucht in seiner schlichten Weise dafür nach Formeln, wie Poesie und Musik sie wohl geben, und dann geht ein helles Läuten durch seine Seele. Wie er es ausdrückt, ist ihm gleich und macht ihm keine Sorge; er denkt nur an den Klang; er nimmt, wie ihm das Mittel in der Hand liegt, und formt ihn. Wie es ihm aus dem tiefen Gemüt kommt, geht es als ein Eigenes und Urdeutsches in unversieglicher Jugend auch stets in das Gemüt des Beschauers, so harmlos der Fleck sein mag. Und das ist eben die grosse Seite in der Landschaftskunst des Frankfurter Malerpoeten, die mit ihren wenigen Noten und der häufigen Einfalt altertümlicher Weisen weit aus der zeitgenössischen Naturdarstellung herausragt;

verkörpert sie doch greifbar eine reindeutsche Landschaftsauffassung, wie sie seit den Romantikern vergessen worden ist und nur in Böcklin unter fremder Maske sonst noch lebt.

Es ist auch sonst viel Eigenes mit ihr. Gerade in ihr kommt das Musikalische und Weltferne von Thoma's Naturell besonders fein zum Ausdruck; sie macht auch der Zahl nach sein Hauptwerk aus; ja, seine ganze Kunst ist im Grunde ebenso sehr, als sie romantische Volkskunst ist, eigentlich Landschaftskunst. Man kann die Landschaft nur schwer bei ihm als Gebiet herausschälen und nur mit einem gewissen Zwang in Rücksicht auf Erleichterung des Ueberblicks. Fast alle seine Meisterwerke sind zugleich Landschaftsmeisterwerke; kaum eine einzelne Figur, kaum eines seiner Bildnisse ist ohne einen Ausblick in die freie Natur; er kann sich scheinbar Bedeutendes nur in der freien Luft und nur als eine symbolisch-allegorische Verkörperung der Landschaft vorstellen. Eine unverhohlene Abneigung gegen umschlossene Räume erfüllt ihn so sehr, dass man wohl oft traulichen Anblicken von Dorfhäusern begegnet, jedoch kaum ein halbes Dutzend Mal unter einigen Hunderten von Werken in ein Zimmer geführt wird. Mit Haidegeruch, dem Duft der Ackerkrume und sonniger Stille des Feldes ist Alles getränkt, was er schuf. Erstreckt sich diese Sprödigkeit seines Wesens gegen eine räumliche Umschlossenheit doch sogar auf den Wald, denn nur ganz ausnahmsweise hat er das Waldinnere geschildert; er benutzt nur dessen Schatten am Rand gern, wie rastende Wanderer pflegen. —

In der mittleren Zeit von 1870 bis 1890 etwa mit dem Gleichgewicht von Wirklichkeitsfreude und mystisch-

Bildnis eines jungen Mädchens.

poetischem Geist ist in der Art manch' ein kostbar gemaltes Stück in sattem, saftigem, in Lasuren schwimmendem Farbenglanz voll Krautgeruch und Lichtgefunkel entstanden, das Wärme ausströmte. Eine ganze Reihe von Werken gehören ihr an, von denen neuerdings aus Nachlässen Einiges wieder an die Oeffentlichkeit kam und Anderes noch in Frankfurter Privatbesitz sich hauptsächlich befindet. Seit Mitte der 80er Jahre betont Thoma mehr das Liniengerippe, die lichten Farbenflächen so zart als bestimmt und wird ein Meister in grossen Weiten und Fernsichten, ohne dass er eigentlich Raum bildet. Er geht immer auf den bestimmten, beinahe nie auf den verwischten Ausdruck; er scheidet die Grenzen von Wasser, Luft und Erde genau, malt ausgezeichnete Wolken in lichtarmem Blau, doch auch bedeckten Himmel mit Meisterschaft. Er trifft den Wiesen- und Ackerduft, den Hauch über einem Getreidefeld in der Sonnenglut, die Wasserfrische mit seinen einfachen Tönen oft sehr gut; das Wehen des Windes, das äussere Leben in der Natur, den Quellenschaum ausgenommen, darzustellen vermeidet er. Der Laut oder Seufzer der Rast, des Wohlseins, des Glücks oder der Sehnsucht ruht immer wie gebannt über diesen stillen Bildern.

Mitunter wird er freilich auch von erschütternder Grösse in einem Werk und erweckt erhabene Vorstellungen von der Fruchtbarkeit und dem Schöpfungsdrang der Erde, wenn er z. B. in einem mit Tempera, Wasserfarben, Steindruck-Kreide oft wiederholten Vorwurf einen »Säemann« über eine eintönige Ackerkrume unter bedecktem Himmel schwer und feierlich schreiten lässt, als erhebe ihn eine Art von priesterlichem Thun. Häufiger freilich kommen die Idyllen einer zarten Naturlyrik vor: Frühlingsbilder mit blumigen Matten, Schafen, Ziegen, Flöte spielenden und lauschenden Kindern unter knospenden Bäumen, mit reizvollen Ausblicken auf den wald- und wiesenumkränzten Main, — Herbstbilder, wo dieselbe kleine Gesellschaft sich in gleicher Weise unterhält, während Erdäpfel am Feuer daneben rösten, dessen Rauch in die silbrige Nebelluft steigt, und die Alten in der Nähe Kartoffeln graben. — Oder Sommerbilder, auf denen die Mainwiese mit ihrem reichen Blumenflor, die Kronen der Pappeln, Erlen und Eschen, welche Thoma am liebsten von allen Baumarten malt, funkeln und glitzern, während am Ufer drüben Mädchen sich im Ringelreihn drehn und Knaben im Vordergrund sich mit einem zur Schwemme geführten Gaul vergnügen. Eine der Fassungen dieses Vorwurfs haftet mir mit dem Adel und der Glut ihrer seltenen Farben über ein Jahrzehnt hinweg unverblasst im Gedächtnis; da schien die ganze Natur in wunderseliger Ergriffenheit um diese arglosheitere Jugend zu kreisen. — Auf einem anderen Bild schiebt sich ein Bauerngärtchen mit seinem Zaun viereckig in den Dorfanger hinein, dessen Häuser trotz der vorgeschrittenen Dämmerung noch sichtbar sind. Abendmüde steht ein Bauernpaar mit seinen Kindern zwischen den Beeten, — als ein artikulirter Laut gewissermassen für die der Nachtruhe zusinkende Natur. — Das sind ein paar Bilder dieser Art, deren schönste und bekannteste auch nur anzuführen, ermüden würde. Sie sind alle auf einen tiefen und sehnsüchtigen Laut gestimmt, dem die eng mit dem Boden zusammenhängende Menschenwelt nur die bestimmtere Färbung giebt.

Öfter hat Thoma eine höchst ansprechende Art des Ausblicks für landschaftliche Werke gewählt und deutlich darin verraten, wie er als Wanderer in Taunus und Schwarzwald in sonnige Fernen hinauszuträumen liebt. Da sitzt oder liegt Irgendwer meist auf einem Hügel unter einem — unsichtbaren — Baum, von dem oben ein paar Zweige mitunter in das Bild hineinhängen und damit die Vorstellung von friedlicher Ausschau aus dem Waldschatten heraus erwecken. Auf einem dieser ungemein liebenswürdigen Bilder: »In einem kühlen Grunde« (1890) liegt so ein städtisch gekleideter Wanderer neben seinem Strohhut und dem schlafenden Hündchen auf einem Bergvorsprung und träumt hinaus in die Sonnenglorie der Welt. Ein paar Dächer sieht man im Wiesenthal drunten, einen Bach, einen Pfad mit zwei winzigen Gestalten, die dem Flecken im Hintergrund zuschreiten. Eine Waldhöhe schliesst hinten ab, ohne den Blick in das Berggelände darüber hinaus zu beengen, und sommerlich blauer Himmel mit weissen Wolkenballen hängt sonnig über diesem zarten Gedicht. — In ähnlicher Weise schaut man auf einer anderen Tafel vom Waldrand aus über Getreidefelder in eine weite Hügellandschaft mit einer pappelgesäumten Landstrasse, Wiesen, Wäldern, Kuppen, Dörfern hinein. — Auf einem neueren mehrfarbigen Steindruck sitzt eine Bäuerin neben ihrem Kind am Bergwald und guckt versonnen zum freundlichen Thaldorf mit seinen roten Dächern, Baumgruppen, Bächen und Wiesen hinab. — Auf der »Taunuslandschaft« (1881) eröffnet sich über den Acker im Vordergrund hinweg, auf dem ein vom Hunde begleiteter Knecht den müden Gaul eben heimreitet, ein weiter Ausblick auf bunt gemusterte Getreidefelder, ein Wäldchen im Grund, eine Landstrasse und die im lockenden Blau sich verlierende Ferne. — Auf dem schönen Bild im Städelschen Institut mit seiner weichen aber kühlen Malerei schauen Weiber und Kinder von der Berglehne schwatzend und spielend in eine bergige Landschaft mit See, Busch, Auen, Dorf hinaus, in deren tiefer gelegenen Grund Pärchen auf schmalem Wege hineinwandeln. Sehr oft ist es ein Bach, ein Pfad, eine Landstrasse, die geradenwegs in das Bild hineinführen und den Zug in die Ferne hinein tragen. — Auch als Blick aus einem geöffneten Fenster mit Blumensträussen in Gläsern und einem geöffneten Buch auf dem Brett ist der Vorwurf behandelt, wobei der sauber gepflegte Park davor und das Landhaus weiterhin in dem besten Geschmack für lyrische Anmut gehalten sind. —

Neben diesen bedeutungsvollen Landschaften kommen unendlich oft einfachere Naturausschnitte vor. Abgelegene Flecken von anspruchslosem und doch eigenem Reiz sind es meist, seltener Kunstgebilde der Natur und von Menschenhand. Weniger das Sichtbare lockt ihn in diesen Abgeschiedenheiten augenscheinlich an als das kaum Wahrnehmbare verborgenen Lebens. Nie sind es die aufgetakelten Schaustücke, stets intime

Zauber, die der Unkundige übersieht. Sein Gemüt ist hier auffällig einer Aeolsharfe gleich, denn der leiseste Hauch von Bewegung und Leben in der Stille irgendwo bringt seine Saiten zum Erklingen und weckt die Künstlerschaft. Hier sieht man bei ihm Stromschnellen mit gekräuselten Schäumen am Fuss einer Reihe alter Häuser vorübereilen, — dort ist eine sonnige Flusslandschaft mit blinkendem Wasserspiegel, an dessen Ufer eine überraschte Badende eiligst vor einem aus dem Gehölz kommenden Faun flüchtet, — dann steht ein Angler, den eilenden Strom kräftig überschneidend, am Ufer in regnerischer Berglandschaft. Einsame Berghalden mit Waldflecken, schäumenden Wildbächen, auch wohl mit Kühen und plaudernden Burschen belebt, — gurgelnde Wiesenbäche unter verschwiegenem Grün oder bei Nacht, — der Main mit anmutig wechselnden Ufergeländen, — Quellfäden zwischen Felsstücken, und Matten auf sonniger Höhe unter regungslos im Azur hängenden Wolkenballen, — Ausblicke auf entzückend im dichten Grün gelegene Bergflecken oder Wassermühlen, — Blumenauen am Waldrand sind die Vorwürfe für köstliche Gedichte voll Schmelz und Duft, die in neuerer Zeit nur manchmal wie der nackte »Angler am Waldbach« derber und würziger gemalt sind; ein stilles Läuten, Summen, Duften, Schweigen, Träumen ist über und in ihnen, so dass man oft kaum begreift, wie so wunderseliger Zauber mit diesen einfachen Mitteln erreichbar war. Ein feines Leben regt sich unendlich reich überall und bricht nur hier und da einmal zu grossen Stim-

mungen und wuchtvollen Allegorieen, wie sie eingangs
erwähnt sind, durch. — — —

* * *

Die Landschaft ist für Thoma der eigentliche Urlaut und die erste Offenbarung; der Mensch hingegen ist ihm in der Vollendung selbst nicht mehr als eine Stimmgabel, welche die Tonart nur eben unzweifelhaft klar wiedergiebt. Er hat eine ganz merkwürdige Auffassung vom höchsten Geschöpf, wie sie kein Anderer bei uns hat. Der Mensch hängt bei ihm mit seinem Boden noch so zusammen, dass dessen Atemzüge und Pulsschläge die seinen, dessen Schweigen sein Schweigen ist. Er haftet schwer an der Erde, aus der er in neuer Schöpfung eben anscheinend geformt ward; spärlich und mühselig gleiten Bilder der Phantasie über seine Gehirnrinde; dumpfe Empfindungen beherrschen ihn; ungeteilt und unverfeinert sinniert er in müder Traumseligkeit vor sich hin, als finde er sich noch gar nicht recht in seine Rolle als Erdengeschöpf und wisse er noch nichts vom Belieben des Willens und vom freien Spiel der Sinne.

Nur ein kleiner Kreis unter Thoma's Werken, wie die Bildnisse und die religiösen Vorwürfe, vertritt eine um wenig höhere Stufe des Daseinsbewusstseins, aber der Grundton verwischt sich auch hier nicht. Er ist in seiner Einheitlichkeit von Natur und Mensch noch ganz unverändert in den nicht zahlreichen und fast insgesamt der mittleren Schaffenszeit angehörigen *Sittenstücken und Wirklichkeitsschilderungen*. — Sind das merkwürdige Menschen in ihrer nervenlosen Ruhe, Einfalt und Einfachheit, — in ihrer schweigsamen Bedachtsamkeit und fast ungefügen Empfindung mitunter!

Der Künstler und seine Gattin.

Sie hängen völlig von der Tages- und Jahreszeit und den Naturgesetzen ab; sie tanzen nur im Frühling, arbeiten nur bei Tage, werden müde mit der Dunkelheit; sie lachen und weinen niemals und gebrauchen die Sprache in kurzem, sprödem Lallen nur, wo die

Pantomime nicht ausreicht; sie haben die wunderliche Weltscheu von Menschen aus der verschollenen Postkutschenzeit, denen jeder Schritt über die Bannmeile der Heimat hinaus ein kühnes Vorwagen und eine Eroberungsthat bedeutet. Es sind so weltfremde, eigene, biblisch-einfache Geschöpfe in diesen Bildern, dass man nach ihrem Eindruck den fröhlichen kleinen Herrn aus Frankfurt für einen Quäker oder Puritaner strengster Färbung halten könnte, wüsste man nicht, wie fremd ihm jede Sektirerei ist. — Aber nicht nur die mächtige Natur in ihrer Heiligkeit, Tiefe und Ursprünglichkeit der Auffassung, welche bei ruhiger Versenkung uns Epigonen so recht die Verzerrtheit unseres eigenen, von Lokalveranden, Eisenbahnwagenfenstern und Zweirad aus verflachten Naturverhältnisses nahelegt, ist das Packende in diesen grossen Dingen; auch die Machweise dieser stillen Bilder mit den einfachen Lokalfarben ist meist ganz erstaunlich in ihrer goldigen Ausdrucksfülle. Kann man handwerklich doch sehr viele dieser Bilder getrost neben die von Leibl, Defregger, Lenbach, Böcklin halten, ohne dass sie im Geringsten verlieren. In einigen Dutzend Meisterwerken dieser Art offenbart sich eine begnadete Künstlerseele von fürstlichem Geblüt, die heute in dieser Richtung viel zu wenig und viel zu sehr in ihren Absonderlichkeiten betrachtet wird.

Nur ein sehr bedeutender Künstler konnte einen so harmlosen Vorwurf wie den »Hühnerhof« (1870) zu einem so tief-ruhigen und naturmächtigen Kunstwerk gestalten als es geworden ist. Man beachte in den schweren, trüben und stumpfen Tönen dieses Raunen, — dieses Zusammengehen des blühenden Flieders am Zaun mit den lastenden Schatten, mit dem bunten Kleid der sitzenden Magd und dem prächtig gemalten Hühnervolk im bäuerlichen Garten. Breit, umständlich, auf grossem Raum ist geschildert, was ein Kleinmaler auf einer zwei Hände breiten Tafel zum Entzücken aller Liebhaber gemalt hätte; kein virtuoses Kunststück besticht; keine Verschlagenheit von Zeichnung und Farbe kitzelt die Nerven; es ist nur grosse ruhige Natur mit einer unendlichen Andacht betrachtet. Aber um dessenwillen wird man diese ernste Kunst in Galerieen einst allen Kleinmalereien vorziehen. — Noch reiner und dabei durch tiefere Stimmung ausgezeichnet scheint mir das Meisterwerk der »Frühlingsidylle« (1871) in der Dresdener Gallerie zu sein. Nur ein Geschwisterpaar in ihren Kattunkleidchen von ländlichen Farben hockt hier auf der Wiese unter lichtlosem Himmel; die brünette Ältere kränzt das schweigend an sie gelehnte blonde Schwesterchen mit Wiesenblumen; still und versonnen blicken sie vor sich hin, — in das gleiche Räthselschweigen und Träumen versenkt, das als dämmernde Lenzahnung durch dieses Stückchen Wiese geheimnisvoll zieht. Es ist eine Daseinsmalerei ohne Handlung, ohne lehrhafte oder einbildungsmässige Absicht, ohne Betonung irgend einer Idee geistigen Schlages. Es ist nur ein Stück unmittelbarer Natur, wie ausser Thoma sie nur Böcklin noch geschaffen hat, — nur dass beim Schwarzwälder Alles keusch, milde und zart herauskam, während beim Schweizer immer das jähe Temperament durchbricht. So ist diese Daseinsmalerei schliesslich absichtslos eine reine Naturallegorie auf den Lenz geworden, die an Höhe der Kunst ihres Gleichen sucht. Diese heute noch ungemünzte Bedeutung solcher frühen Thomawerke erklärt es auch, warum Böcklin in den Jahren, da sie entstanden, so oft in die Münchener Werkstatt unseres Meisters kam und so lange immer schweigsam diese Schöpfungen betrachtete. In diesen gleichen Jahren vollzieht sich beim Schweizer eine Umbildung zu stärkerer Natur hin; er spürte das Mächtige und Verwandte hier; mir scheint nach Kenntnis dieser Thatsache und ihrer Daten, als ob Thoma sehr an Böcklins Stilbildung dieser und späterer Zeit beteiligt sei. Nicht als ob der Schweizer den Schwarzwälder nachgeahmt und ihm etwas abgeguckt hätte. Er ist zu eigen und zu mächtig dazu bereits in jenen Jahren. Aber die Natur bei Thoma hat ihn innerlich gestärkt und ermutigt, den Weg ins Unbekannte hinein weiterzugehen. Sonst war ja Keiner damals vorhanden, nachdem Viktor Müller tot war, der Derartiges machen konnte. Und wer kann es heute etwa? — Man sehe daraufhin einmal die ganz anders als die »Frühlingsidylle« gearteten »raufenden Buben« (1872) an, — 5 Jungen, die auf der Dorfstrasse mit einander balgen! Der Aufbau im Viereck, die altmeisterliche Malerei in dämmerigen, dünnen Tönen des Halbdunkels, die Bewegung, die ins Bräunliche übersetzte Gesichtsfarbe verraten in jedem Zuge die sichere Meisterhand. — Wieder eine tiefgestimmte Naturallegorie, in der diesmal nur die Bewegung gesteigert ist, entstand im vielumstrittenen »Kinderreigen« (1884). Auch unter einem sonnenlosen blauen Himmel über der Frühlingslandschaft mit dürren Bäumen voll berstender Knospen und grüngelben Ackerstreifen dahinter sind Landkinder dargestellt. Unschöne Züge und hässliche Kleider von verblichenen Farben lösen sich aus diesem Ringelreihen, aber die Unschuld beim kindlichen Spiel und in den traumhaften Augen lässt die Hässlichkeit verschwinden, wie sie aus den dürren Formen der Geschöpfe und der Landschaft vor der Andacht der Künstlerseele floh; da ist ein Laut vernehmbar, der nichts von antiker Schönheitsseligkeit weiss, sondern gemüthsästhetisch ist; er hat etwas, um es deutlicher zu machen, von der Kraft und Reinheit des ursprünglichen Christentums mit seinen warmen und schönen Seelen in hässlichen Sklavenleibern. In diesem Bekenntnis trifft Thoma mit Uhde scharf zusammen, so wenig Berührung sie sonst haben; er ist ein ungebrochener Naturmensch, den antike Formensorgen nie behelligt haben. — Gleich den »raufenden Buben« auf eine andere Tonart ursprünglicher Wirklichkeitsfreude gestimmt und wie diese von einer meisterlichen Mache ist auch der »Gemüsestand« (1889) eines der wenigen eigentlichen Sittenstücke, bei denen freilich das ruhige Dasein stark vorwiegt. In der Hausecke einer landstädtischen Strasse erblickt man einen bunten Kram von Gemüse aller Art und geschlachtetem Federvieh ausgestellt, eine Magd in braunem gemustertem Kattunkleid unschlüssig daneben, die in stumpfes Blau ge kleidete Händlerin im Sitzen ihre Waare anpreisend vor ihr, im Halbdunkel des Hintergrundes den wartenden hemdsärmeligen Krämer selbst. Die stumpfen Lokalfarben sind mit ausgezeichnetem Geschmack zusammengebracht; gross gleich dem Umfang der Tafel alle Linien, alle Töne, alles Einzelne in deutlicher und vollendeter Ausführung; eine geschlossene, die Gestalten in traumhaftem Bann zusammenhaltende Auffassung folgestreng durchgeführt; kein verschlagener Zug, der mit Erinnerungen an die herkömmlichen Höker, Hökerinnen und Dienstmädchen, wie man sie tausendfach im Bilde sieht, Netze nach dem Beschauer wirft oder um seine Gunst buhlt und ihn mit Malmitteln ködert, für die das Publikum durch Jahrhunderte der Kunst erfahrungsgemäss empfänglich ist. Die Arglosigkeit selbst weht mächtig aus dem Bild und diesen unvergesslichen Bildnissen an sich höchst gleichgültiger Menschen heraus; man schaut hinein und stutzt; eine zögernde Unschlüssigkeit bindet nicht nur diese schweren Sinne für einen Augenblick aneinander, — auch zwischen diesen Körpern findet in dieser gebannten Stellung ein magnetischer Austausch statt, wie ihn feinnervige Menschen auf Grund heute noch unbekannter Naturgesetze fühlen. Da ist in dieser meisterhaften, das Intime aber nicht betonenden Malerei ein stiledler Rapport des Unaussprechbaren erzielt, — derselbe, durch den Thoma immer in Beziehung draussen mit der kulturlosen Erscheinungswelt tritt, wie wir sahen. Auffällig ist dabei auch, wie sicher der Künstler hier wie dort immer das deutsche Wesen trifft, ohne geschichtliche Formeln dafür zu

Bildnis der Frau A. Spier.

verwenden; man kann bei ihm nie in Zweifel sein, dass diese Menschen in Süddeutschland gewachsen sind.

Daneben sind noch andere kleinere Werke entstanden. Einige wie der »Sonntag in der Dachstube« mit den beiden Alten, von denen der weissbärtige Mann am Tisch sitzt und aus der Bibel vorliest, während die Frau über ihrem Strickzeug einnickt, sind mit dem funkelnden Licht im Zimmer und dem Ausblick durch die blumenbesetzten Fenster auf die Dächer der anderen Strassenseite Beweise, wie scharf trotz aller Stimmungsfreude Thoma Licht und Luft lange vor den Hellmalern beobachtet hat, wenn ihm daran lag, und wie wenig Genügen sein innerer Klang an diesen Dingen fand. Andere wie der früher genannte »Violinspieler« und dessen Wiederholung in einem jungen Handwerker, der vom Notenblatt auf seinem Knie eine Melodie abspielt, während es zu dämmern beginnt, und dabei auf die neben ihm vorbeischleichende Katze nicht achtet, sind Selbstoffenbarungen der inneren Künstlerneigungen. In seiner »Alten mit dem Kind«, die über dem schlafenden Enkelchen eingenickt ist, müde wie die in Abendlohe einlullende freie Natur ringsherum, sind wieder in ihrer ungefügen und manchmal vorwelthaften Grösse der Auffassung trotz ihrer feingestuften Tonmalerei Allegorieen sichtbar, von denen das Künstlerherz in seiner kraftvollen Andacht und dem Empfindungsreichtum so viel des Packenden geschaffen hat. — — —

*　*　*

Kein antiker Heide hat unbefangener vor der Natur gestanden, sich argloser seelisch mit ihr vermählt und in naivem Sichgehenlassen keine qualvolle Forderung wider die Triebe gekannt als Thoma. Und doch hat er weder aesthetisch noch moralisch die geringste Beziehung zur Antike, die ihm in Folge seiner Schicksale stets eine fremde Welt blieb. Seine Natürlichkeit ist dazu viel zu stark von christlicher Ethik durchtränkt; er ist bei einer sehr grossen Empfänglichkeit für die sinnliche Erscheinung der Welt doch von einer keuschen Gemütsinnigkeit, weil sein glückliches Temperament dies gar nicht anders kennt. Seine Unbefangenheit hat eine ganz andere Ursache als die für den antiken Pulsschlag war und steht einer längst in dunklen Jahrhunderten versunkenen asketischen Mönchsmystik mit ihrem Lauschen in sich selbst hinein näher als der arglosen Genusslust von Hellas und Rom.

Und das ist auch der Grund, warum Thoma's *antikesirende* Schöpfungen nur ein Zwischenspiel von mehr persönlichem als künstlerischem Interesse bilden. Er hat die Antike erst spät kennen gelernt und ist nie in ihr heimisch geworden; er hat für ihre ihm innerlich fremde Welt kaum einen anderen Reiz zur Darstellung verspürt als den Ehrgeiz.

Vielleicht dass gerade auch hier Erinnerungen an die Tage bei Marées lebendig wurden und ihn lockten, einmal Maske und Hülle seines Kunstverwandten um die eigenen Gestaltenkreise zu legen. Trotzdem wird man seine »Bogenschützen«, — nackte Jünglinge auf gründämmernder Haide nach Kranichen schiessend, indessen — auf der Fassung von 1890 — ein Genosse hinten auf ungesatteltem Ross sitzt, ebenso mit Freude betrachten können als das »Kentaurenspiel« mit seinen wunderschönen Linien. Ein nackter Jüngling wird hier eben vom Rücken einer ausschlagenden jungen Kentaurin abgeschüttelt, nachdem sein Genosse beim stürmischen Werben um die Gunst der Spröden anscheinend bereits einen Hufschlag erhielt und unter seiner Wucht hinfällt. Eine »Luna und Endymion«, ein »Charon«, der Wettkampf zwischen Apollo und Marsyas (1886) sind andere Werke; im letzteren steht der Künstler ersichtlich mit feinem Spott über dem Gegenstand trotz einer tiefklingenden Abendstimmung, denn drollig sind nicht nur der flötende Marsyas, sondern auch sein lauschender Widerpart und die drei Holden aufgefasst, die im Hintergrund als anfechtbare Grazien oder zuständige Musen würdevoll des Richteramts walten. — —

Dann aber bietet sich im Weiterschreiten einige Ueberraschung. Wir gedachten der christlichen Färbung in Thoma's Blick für Landschaft und Geschöpf, der sittenstrengen Keuschheit und Gemütstiefe, der Demut bei aller Grösse und Unmittelbarkeit des Naturhauchs. Man meint, dass dieses auch ohne Pfarrer und Beichtstuhl tiefreligiöse Naturell, das später in seiner Romantik sogar der mystischen Weihen der Gralsritterschaft teilhaftig wird, in Bildungen der *biblischen Legende* Höchstes geschaffen haben müsse. Und doch wird man getäuscht. Denn er ist auf diesem Gebiet trotz manches lieblichen Werks von auffälliger Beengtheit, um nicht Befangenheit zu sagen. Die Erklärung dafür liegt nicht weit. Einmal fehlt ihm der Sinn für Handlung, für schmerzhaftes Leiden und dramatische Erregtheit, da seine Harfe nur auf stillen Daseinsfrieden gestimmt ist, und dann kommt hier ein Heimaterbe zum Vorschein. Er ist das erste in die Welt hinein vom Stamm abgesplitterte Glied uralter Geschlechter in der Bernauer Thaleinsamkeit. Die schlichte leidenschaftgedämpfte Natürlichkeit des dortigen Schlages, dem Bibel- und Gesangbuch in jede Faser seit undenklicher Zeit gedrungen sind, lebt noch in seinem Gehirn mit zwiespaltloser Gläubigkeit. Davon hat sein Empfinden diesen Einklang und diese religiöse Färbung, — davon hat sich aber auch um seine Vorstellung von der biblischen Wunderwelt ein enger Kreis gezogen, der durch seine eigentümliche Art noch mehr auf wenige grosse Vorwürfe beschränkt wird. Er hat nie gezweifelt und gerungen mit seiner Gläubigkeit; sie ist ihm ein natürlicher Bestand seines Gemütslebens; ihm ist der Reichtum der Bilder desshalb versagt, den nur Lehre und Gegenlehre quälenden Zweifels und Kritik erzeugen.

Wie köstlich ist ihm in diesem kleinen Rahmen aber fast Alles gelungen, das in seiner Unschuld, Einfalt und Daseinsruhe dem Künstlerwesen günstig liegt. Seine verschiedenen »Engelsgruppen« beispielsweise. Reizende Kinder mit unbeholfenen Bewegungen spielen und sitzen in ihnen auf Wiesen, hocken wohl auch auf einem aus Blumen gewundenen Nest, rasten aber pausbäckig und vergnügt bald übermütig bald schalkhaft auf weissen Wolken haufenweise besonders gern;

sie essen Trauben und Früchte, schauen ins Land hinunter oder blasen in drolligem Ernst auf Kindertrompeten. Leicht, zierlich, dünn in Strich und Farbe auf Tempera- und Wasserfarbengemälden, in Steindruck und Zeichnung hingesetzt kommen sie nicht nur oft im Thoma-Werk vor, sind vielmehr auch ein reizender Bestand derselben. — Dann ist das »Paradies« mit Adam und Eva einer seiner Lieblingsvorwürfe, der in jeder seiner Macharten und Stilwandlungen vorkommt. Jugendlich-herb und schlank wandelt das erste Menschenpaar meist auf blumiger Wiese am Bach oder Hainrand zwischen ruhenden Tieren dahin; Pfauen sitzen auf den mit Früchten behangenen Bäumen, und das Apfeldrama spielt sich eben ganz nebensächlich ab. Von der Schlange ist dabei in der Regel nichts zu sehen, weil diese grosse Kinderseele kein Organ für das Böse hat und dessen Symbol deshalb lieber fortlässt. — Ein besonderes Mal ist die Oertlichkeit mehr auf das Elysium hin abgestimmt und traumhaft lauscht das Paar hier inmitten gedämpften Frühlingsglanzes dem Mandolinenspiel eines singenden Jünglings. — In lichtkühlem flächigem Farbenstil der Neuzeit lässt eine gedankenvolle Allegorie Adam und Eva unter dem Apfelbaum erblicken, von dem das Weib zögernd unter dem Zischen der Schlange eine Frucht gepflückt hat, während der Mann scheu unter dem Regen des Gewissens zur Seite blickt. Hinter diesem Vorgang aber hält der grinsende Tod ein grosses weisses Leichentuch ausgespannt, — ist ihm doch die Menschheit mit der Vollendung der That sogleich verfallen. — Ein

malerisches Kleinod des gleichen Vorwurfs schliesslich
ist die »Eva« im Städelschen Institut. Mit schöngeformtem und trefflich durchgebildetem Körper steht sie
als herrliches Weib im Schmuck üppigen Haars unter
dem Apfelbaum und greift unter dem Zureden der
braungeschillerten Schlange auf ihm nach der verbotenen Frucht, — was ebenso anmutig als mit würziger Tiefe und Wärme reicher Lokalfarben dargestellt
ist. — Auch die »Flucht nach Aegypten« erscheint
von Zeit zu Zeit in seinem Werk. Am schönsten in
der überaus liebenswürdigen und farbenreichen Fassung
von 1879, die in ihrem Seelenausdruck das lebensvollste
Bild des Künstlers sein dürfte. Der in frischer Kindlichkeit schlummernde Christusknabe ruht hier im Schooss
der liebreizenden Madonna, welche auf dem von Joseph
geleiteten Eselchen sitzt. Vertrauend blickt die Mutter
zu dem weisend dicht über ihr schwebenden Engel
hinauf, während neben dem Zug blumentragend ein
Anderer mit den Zügen eines lieblichen Mägdleins
schreitet. Sonnenstrahlen ergiessen sich als ein Segenszeichen des Himmels hinter dieser menschlich packenden
Gruppe auf die wechselvolle Landschaft herab. — Auf
der Fassung von 1891 sitzen die von einem Tuch verhüllte Maria mit dem Kind und der als Pilger gekleidete Joseph schlafend unter einem Baum, um welchen
sich tiefe Nacht breitet. Eine lichte Wolke ersetzt den
Baumgipfel und vier kleine Engel geigen und blasen
drollig und ernsthaft zugleich auf ihr diese kleine
Familie in tiefen Schlaf. — Ein paar andere Vorwürfe
aus späterer Zeit verherrlichen den Heiland als Lehrer.

So »Christus und Nikodemus« mit prächtigen deutschen Männerköpfen; dann »Christus und der Versucher«, — eine düstere Nachtstimmung, in der der Heiland in tiefblauem Gewand als Büsser auf einer Bergspitze ruht und tiefäugig auf den Versucher schaut; als ein halbnackter Kerl mit wüstem Verbrechergesicht reicht ihm dieser eben einen Stein mit der Aufforderung, ihn in Brot zu verwandeln. — Anmutig in der Weise der erstgenannten »Flucht nach Aegypten« spricht auch das Bild »Christus und die Samariterin« (1881) an. Hier sitzt der blonde Heiland neben der buntgekleideten jungen Frau auf zweigumrankter Mauer, hinter der sich eine lichtgrüne Taunuslandschaft breitet. — Noch eine schöne und grossgedachte »Pietà«, bei der G. Bellini Pathe gestanden hat, sei schliesslich erwähnt. Der meisterhaft gebildete Körper des toten Heilands ist hier willenlos nach hinten gebeugt und zwei ernste grosse Engel halten und betrachten den Dulderkopf, dessen Gloriole die Lichtquelle giebt. — — —

Trotz so köstlicher Bildungen als bei den antiken Bildern die »Bogenschützen« und das »Kentaurenspiel«, bei den religiösen die »Engelgruppen«, die »Eva«, die »erste Flucht nach Ägypten«, die »Pietà« darstellen und damit zu Thoma's Meisterwerken zählen, kann man diese Gebietskreise nur als künstlerische Zwischenspiele eines vielartigen Schaffens betrachten. Man vermisst die den anderen Schaffensgebieten eigene grossartige Auffassung und die unleugbare Bedeutung innerhalb neuerer Kunst, zu deren vollständigem Bild sie unbedingt gehören. Wo man diese anderen Werke

Quellnymphe.

aufnehmen, durchdringen, einen Standpunkt zu ihnen als Kunstgebildeter finden muss, weil sie eine neue Tonart in den Chorgesang der Zeit fügen, steht man den antiken nnd religiösen Bildern mehr mit der Augenfreude eines Beschauers von Belieben des Wohlgefallens gegenüber; man mag sich an ihnen erbauen oder ihnen den Rücken kehren, ohne als biederer Thebaner belächelt zu werden; sie könnten fehlen, ohne dass eine Lücke im Thoma-Werk wäre.

Ungunst des Schicksals hat es gewollt, dass noch ein drittes Gebiet in der Schöpfung unseres Künstlers heute nur mehr als Zwischenspiel sich ausweist; umso härter aber scheint das Geschick hier, als Thoma sich nicht in vereinzelter Laune ihm zuwandte, vielmehr die ganze Art seines Wesens und heisse Wünsche ihn hierher drängten. Das ist seine *Monumentalkunst*. Seit Italien ein Lieblingsgedanke des Meisters, kam sie infolge nur weniger und bedeutungsloser Aufgaben nie zur Reife, was sehr bedauerlich ist. Er würde bei seiner sinnvollen Einfachheit und Grosszügigkeit sicher Bedeutendes geschaffen haben, — wir aber hätten dann statt des einen grossen Monumentalmalers Prell noch einen zweiten von ganz anderer Art besessen, — was sicher nicht nur unserer Kunst, sondern auch beiden Künstlern im Wettstreit zum Vorteil gewesen wäre.

Der erste Versuch dieser Art entstand in der Mitte der 70er Jahre, wie schon erwähnt, in einem Schweinfurter Weinbergturm. — Der zweite galt 1880 dem engen Treppenhaus in der Villa Ravenstein zu Frankfurt und hatte Nibelungenbilder zum Gegenstand. Der halbdunkle Vorflur enthält in 3 Supraporten Lohengrin mit dem Schwan, Parsifal bei den Blumenmädchen, die Pilger aus dem »Tannhäuser«. Die Oberwände des Treppenhauses führen aus dem »Ring des Nibelungen« alsdann das Erschlagen des Drachens, Brünnhild in der Waberlohe, die Begegnung mit den 3 Rheintöchtern, den Tod am Quell, Kriemhild in der Halle in grossgedachtem Aufbau aber ziermässiger Entfaltung vor. Das künstlerisch Beste an dieser Schöpfung ist ein grauer Fries auf blauem Grund unter diesen Bildern, der in frischer Erfindung und rechtem kunstgewerblichen Sinn die Nibelungen emsig beim Schmieden der Kette begriffen schildert.

Später entstand eine grössere Deckenmalerei im Café Bauer zu Frankfurt. Ursprünglich gehörte dazu noch an den Wänden ein grösserer Figurenfries mit einem Bacchantenzug; er ist jetzt jedoch entfernt und durch antike Vorwürfe der gleichen Art wie im Berliner Café Bauer ersetzt, die der Decke gegenüber recht nüchtern und leer wirken. Diese enthält in der Mitte ein Glücksrad mit Sonnenradien und herumgruppiert einen Menschen, ein Schwein, einen Wolf und einen Affen in etwas sarkastischer Erfindung. Rechts und links von dieser Mittelgruppe sind in der Längsaxe die originell gekennzeichneten vier Winde dargestellt, und alsdann schwingen sich um diese Mittelbilder in grosser Ellipse die symbolischen Thierbilder der zwölf Monate. Diese sind nicht nur selbst in Umriss-Schnörkelstil ausgeführt, sondern auch mit einander durch abenteuerliche Schnörkel verbunden, die in ihrer sicheren Führung und in ihrer anregenden Wirkung auf die Einbildungskraft nicht hinter denen in Dürers

Randzeichnungen zum Gebetbuch Kaiser Maximilians zurückstehen. Mehr ziermässig als monumental gedacht, ist diese Schöpfung mit ihrem stumpfen Ton und ihren kräftigen Gegensätzen ungemein heiter und originell; sie hätte einen besseren Ort verdient als ein Kaffeehaus mit seinem stumpfen und überhitzten Publikum.

Im Wirtshaus zum Kaiser Karl an der Frankfurter Zeil hat Thoma weiterhin Strassenvorgänge mit Hülfe von Alb. Lang an die Wände gemalt. Das Lokal ist eingegangen; Abbildungen vom Werk giebt es nicht; nach den angeblich noch vorhandenen Malereien habe ich vergeblich gesucht. — Thoma's letzte Wandmalerei bisher war ein Fries mit Blumen windenden und aufhängenden Gestalten im Musiksaal des Professor Pringsheim in München ... man sieht, mit einer Ausnahme lauter Kleinigkeiten und Taster einer niemals zur Reife gekommenen Begabung. Aber wir haben ja sonst des Herrlichen genug von dieser Hand und wollen jetzt von diesem Ausflug in Zwischenspiele des Thoma-Werks auf dessen schönste Blumengefilde zurückkehren. — — —

* * *

Noch hängt uns der Laut im Ohr, der mit bezauberndem Wohlklang über seine stillen Landschaftsgedichte glitt und diese so feinen wie kostbaren Dinge als Beginn einer neuen und tiefdeutschen Landschaftskunst in unseren verworrenen Tagen einläutete. Seltsam in der Erinnerung und gross tauchen uns dann jene Wirklichkeitsdarstellungen mit ihrem mächtigen Naturhauch und dem raunenden Geheimnis hinter wandelnden Traumgestalten auf, deren Farben und Formen sich nun verwischen und in Vorstellungen von einer Welt hinübergleiten, in der nichts festen Bestand hat, sondern Alles kreist und entschwebt, als seien es Phantasieen, die Harfenakkorde wundersam dem Auge als Wirklichkeit vorgespiegelt, wie es Klinger einmal im Brahms-Phantasie-Blatt der »Evokation« verbildlicht hat . . . da löst sich langsam eine neue Art und Stufe in Thoma's Kunst heraus. Dem Umfang nach scheint sie kaum mehr als ein Zwischenspiel. Aber die Tiefe der Auffassung, die wuchtige Eigenkraft und der Umstand, dass sie fast nur Meisterwerke umfasst, hebt dieses Gebiet auf eine unantastbare Höhe. Es geht ein tiefes Behagen und echte künstlerische Freude durch jede dieser Tafeln; sie rufen ihm scheinbar seine schönsten Stunden über Dürer, Holbein, Courbet zurück; sie offenbaren nicht nur seelisch sondern auch geistig eine Durchdringungskraft der Erscheinungswelt und eine Genialität wie Geschlossenheit in der Gestaltungskunst, dass man neben diese wenigen Tafeln nur die Perlen unter seinen Meisterwerken stellen kann. Diese innere Stufe trägt seine *Bildniskunst*. Es giebt kaum ein Dutzend Werke davon bei ihm; nur er selbst, seine Familie, ein paar nahestehende Personen bilden den Gegenstand; aber alle Liebe eines Künstlerherzens zu den Seinen und ein treues Gemüt für die Nahen ist hier tief gesammelt und kraftvoll angespannt.

Thoma ist gleich seinem Baseler Nachbarn Böcklin

Der Hüter des Thales.
(Aus dem Thoma-Werk, Verlag von Franz Hanfstaengl in München.)

als Bildnismaler von Holbein bestimmt worden. Er hat ja in dem Jahr seiner Baseler Steindrucklehre Gelegenheit genug gehabt, die Holbeins im dortigen Museum in sich aufzunehmen. Er geht wie der alte Baseler Meister zu Werke, lässt seine Figuren, wie Jener nicht selten liebte, aus bezeichnenden Hintergründen herauswachsen, — die bei ihm natürlich vorwiegend Landschaften sind; er formt rund, bestimmt, trifft die Ähnlichkeit und hat einen geläuterten Stil vom besten Geschmack; er erhascht geschickt wie Jener bei seinen Personen einen flüchtigen Augenblick feiner Versonnenheit. Nur in der Kraft des Ausdrucks steht er Dürer näher und in der Farbenstimmung zeigt er sich namentlich im frühsten Bild von Courbet angeregt. Er übertrifft damit Holbein wenn nicht in der Geistigkeit so doch in der Seelentiefe, in der Lebendigkeit des Menschenodems, wie er auch in der Wärme und Schönheit betörender Farbenklänge mitunter über dem Baseler steht.

Schon das »Bildnis eines jungen Mädchens« von 1868, — vermutlich die Schwester des Künstlers, — aus dem Jahr, in welchem Courbet als Offenbarung in Thoma's Leben getreten war, ist ein Meistergriff. Ein bäuerliches Zimmer mit Holzwänden und einem Tisch mit Wasserkaraffe, Feldblumen im Glas, einer Bibel und Nähgerät bildet in ausgezeichneter Beherrschung des Stofflichen den Rahmen; durch einen Vorhang gedämpft strömt das Licht zum offenen Fenster herein und sammelt sich auf Wange und Hals des gedankenvoll über seine Näharbeit gebeugten Mädchens. Wie das in Luft, Licht und Stoff beobachtet und stark empfunden, wie das in schlichter Unmittelbarkeit packend behandelt und zum ruhvollen Kunstwerk geschlossen ist, macht es die Jahreszahl auf dem Bilde zum Rätsel. Das ist in so schönem und stiledlem Sinne ein modernes Bild, wie es selbst noch ein Jahrzehnt später eine kühne That gewesen wäre. — Hier war es die Schwester, welche der Künstler zum Vorwurf nahm, — später begegnet uns wiederholt die Gattin. Einmal ist sie in italienischer Tracht als Blumenhändlerin unter einem Portal dargestellt, — dann erscheint »Frau Thoma und Töchterchen« in einem Meisterwerk von 1885 in reiferen Jahren. Sie sitzt auf einer Bank im Landhausgarten, hinter dem eine Abendlandschaft mit weidenden Kühen und einem Dorfteil sichtbar wird; ein gemustertes Tuch umhüllt sie halb, sinnend schauen die glänzenden Augen aus dem bräunlichen Gesicht, während im Gegensatz dazu das auf dem Tisch daneben sitzende lichtwangige und blonde Töchterchen sich mit reizendem Kindesausdruck zärtlich an die Mutter schmiegt. Wie stark, sinnenfrisch und herzwarm wirkt dies Bild trotz der sehr einfachen Farben! — Sie sind noch gedämpfter in dem Meisterwerk des »Doppelbildnisses« von 1887, aus dessen mit grossstilisierten Blumen und Engelsköpfen bemaltem Rahmen uns der Meister selbst neben seiner blühenden Hausfrau entgegentritt. Das Paar steht im Garten, den eine Mauer von dämmeriger Teich-Landschaft dahinter trennt. Die tiefbrünette Künstlergattin hat ihr anmutiges Gesicht sinnend ein wenig zur Seite gedreht, während er selbst mit tiefem Auge unter dem schon angegrauten Haar den Beschauer still und fest anblickt. Ernst, ja leidensvoll ist dieser Blick und von einer so verschlossenen Schweigsamkeit, als thue ihm die Berührung mit der Welt draussen weh. Mit feiner Hand erscheint die Natur hier überall gemildert und jeder Zug ist gross. — Von anderen Bildnissen ist noch das sehr ähnliche, vornehme und farbentiefe Bildnis der Frau Spier, in dem gleichfalls wie bei den beiden vorhergehenden das Seelenrätsel im Auge seltsam fragt, — aus neuerer Zeit das hell in hell, einfach und bestimmt gehaltene einer Baseler Dame im Rosakleid, mit gelbem Strohhut und Erikastrauss in der Hand zu nennen. 1899 hat Thoma Frau Cosima Wagner gemalt und ein neueres Steindruck-Selbstbildnis mit der Palette in der Hand mit Temperafarben übermalt. Die beiden eines Dürer würdigen Steindruckbildnisse eines Bauern sowie seiner greisen Mutter betrachten wir noch im Steindruckwerk. — Das Meisterwerk aller dieser Schöpfungen, welches jetzt in der Dresdner Gallerie hängt, soll als höchster Wurf den Beschluss machen, obgleich es zu den frühsten gehört. In diesem ganz herrlichen »Selbstbildnis von 1880« sieht man den Meister Hans in der Blüte der eben begonnenen 40er Mannesjahre, — noch jugendlich, still und froh der Zukunft gegenüber, voll verhalten-glimmender Kraft, als den Schöpfer jener kostbaren Malereien voll Glorie und Glut in den wirklichkeitsfreudigen Jahrzehnten von 1870—90. Eine Wiese in tiefem Grün, durch die ein blauer Fluss mit Schwänen und einem Boot darauf sich schlängelt, liegt hinter ihm raumtief in Spätfrühlingsglanz; schlanke Apfelbäume er-

heben sich in ihr und strecken ihre Früchte über das
Haupt des Künstlers hin. Der aber steht ruhvoll da und

Frühlings-Einkehr.

schaut mit dem anliegenden braunen Haar und dem
langen braunen Bart gar stattlich aus; er blickt über

einen rotgeschnittenen Schweinslederband in der erhobenen Rechten treuherzig aus dem Bild heraus, als sinne er einer eben gelesenen Stelle nach. Das Inkarnat ist bräunlich und leicht mit Rot durchsetzt, womit es sich gut in diese entzückende Malerei aus seltenen, tiefen und reingestimmten Lokalfarben schmiegt. Das Bild könnte mit seinem tiefen Wohllaut und seiner geschlossenen Kraft auch ein Programm Thoma'scher Kunst sein, denn die Wahrheit der Natur und ihre Stilübersetzung sind hier eins mit dem klingenden Farbengeheimnis. Sie aber geben nur den Unterton für dies wundervolle braune Auge. Träume verrät es und betörendes Saitenspiel in dieser Malerseele, die fremd im Menschentreiben durch die freie Natur seherisch wandelt und dort die herrlichsten Dinge Tag um Tag erlebt, wie nur ein Sonntagskind sie erschauen kann.

* * *

Träume und Saitenspiel, — — kaum anders kann man den Zauber fassen, mit welchem die Seele in Thoma's Kunst, — in seinen Landschaften, Wirklichkeitsbildern, Bildnissen, — eine seltsam-geheimnisvolle Sprache redet. Ein unaussprechlicher Zusammenklang ist in seinen Gebilden von der freien Natur mit der leisen Frage nach der Gottheit, — eine tiefe Traumhaftigkeit geht durch die Gestalten seiner Wirklichkeitswerke; sie wissen noch nichts von Erkenntnis und Sünde und harren in halbdunklen Vorstellungen ungewisser Zukunft; ein Feiertagskleid scheint selbst ihr armseliges Gewand. Ein traumseliger Mann selbst mit klingender Seele schreitet der Meister dann schon deutlicher durch die Lebensfülle seiner Bildnisse. — Meisterwerk um Meisterwerk wächst dem Einsamen, der in seiner Klostergartenstille daheim nichts weiss von gleissendem Gold und Verträgen, die das Menschengewimmel draussen binden und knechten. Nur als gedämpftes Summen wird ihm das Kämpfen und Hasten des Alltagstreibens vernehmbar. Nichts stört ihn oder reisst ihn heraus. Immer ist der Klang in ihm, — immer ist ein Fragen, Sehnen und Suchen nach dem Geheimnis hinter der Erscheinung von Landschaft und Kreatur, — immer ein Rätselsinnen und immer ein echtes Herzleben in seiner Kunst die Jahrzehnte hindurch, dass es den Verstand weit überwiegt und nach Stilen tastet, die diesem Unbewussten in der verwandten Weise der Musik Ausdruck geben.

Das gewinnt in den 80er Jahren mit der Lebensreife des Künstlers festere Gestalt. Die Thatsachen der Erscheinungswelt fangen an, ihm gleichgültiger zu werden, — das Metaphysische tritt in den Vordergrund, — stärker wird das Geheimnisvolle in den Stimmungen, und Bildungen mehren sich, die diesem Reifezustand als dem letzten Künstlerglauben betonten Ausdruck geben. Dieser Prozess, der lange bei ihm vorbereitet war, geht ganz folgestreng vor sich. Er bedient sich anfangs noch der goldschimmernden Mache der mittleren Zeit und hat die Wirklichkeitsfreude noch nicht ganz überwunden, — Gestalten antiker wie deutscher Sagen und Märchen müssen diese romantischen Empfindungsvisionen verkörpern. Bald aber genügt dieser

Stil dem Drang nach Klarheit nicht mehr. Grosse Umrisse, lichte, stumpfe, auf alle Einzelheiten verzichtende Farbenflächen, in denen die Natur oft nur noch in eine symbolische Formel übersetzt ist, einfache Gestalten wachsen in ureigener Art zum neuen und bisher letzten Stil, — in ihm aber erscheint jetzt als letztes Bekenntnis eine ganz neuartige *Gefühls-Romantik,* in welcher die mystische Unbegrenztheit tönender Offenbarung in lichte Farbenkunst gewandelt ward. — Parsifal hat ahnungslos die heilige Aue betreten! —

»Die Dämmerung im Buchenwald« von 1889 ist eines der früheren Bilder aus dieser Neuromantik und zugleich ein Spätling der mittleren Zeit in seinem Goldton, der gedämpften Glut, der weichen Rundheit der Formen, der reinen Zeichnung. Als eines der vielseitigsten Meisterwerke in diesem neuen Seelenzustand des Künstlers leitet es den Eintritt in diese Ideenwelt am besten ein. — Eine märchenhafte Waldheimlichkeit um die Abenddämmerstunde giebt den Klang; dicke und buntgefleckte Buchenstämme steigen über dem dunklen Waldboden mit seinen Grasbüschen und Blättern still empor; mitten in ihrem Frieden steht ein schlank und gerade gewachsener junger Faun, dem Epheu das Haar ziert, und bläst auf der Schalmei ein Abendlied; regungslos ruht im Halbdunkel nahebei ein Hirschpaar. In diesen weichen Stimmungsmollakkord mischt sich ganz seltsam ein anderer, — deutsche Romantik in die antike nämlich. Durch einen schmalen Spalt zwischen den Buchen ist ein Durchblick zu einer kleinen Lichtung mit Buschgrün und gelben Abendtinten darüber und lautlos scheinbar reitet dort auf seinem Schimmel ein gepanzerter Ritter im Schritt vorüber. Malerisch ist das Bild ein Juwel, in dessen lustvoller Betrachtung dem Arglosen kaum auffällt, wie schmiegsam zwei fremde Ideenkreise hier zur Harmonie zusammengehen. Sicher aber überschleicht es einen Jeden und umspinnt ihn willenlos, was als ein abgrundtiefer und doch so milder Stimmungslaut durch diese Walddämmerung zieht. Der Gefühlsromantiker, dem das Gesicht Akkorde vermittelt und alle Räthsel und aller Tiefsinn des verschleierten Naturlebens zu gemalten Harfenklängen werden, ist in diesem einer seiner schönsten und frühsten Phantasiebilder mit allen Sinnen als ein Eroberer bereits in ein nur sagenhaft bis dahin bekanntes Land gedrungen.

Die festlichen Stimmungen der freien Natur, die bedeutenden Zustände des Tages und der Jahreszeit, die räthselvolle Sprache einsamer Örtlichkeit klingen ihm zu; kinderhaft reine Traumgestalten weisen sie seinem inneren Gesicht, die ohne Namen und persönliche Menschenart, ohne Sprache und Handlungstrieb nur ihre Rolle spielen und keine Antwort zu geben wissen. Es sind die stillen Geister der unentweihten Natur. — Mysterien des »Parsifal« klingen in diese Bilderwelt hinein und auf vorwitzige Frage nach Art und Ursache antwortet Gurnemanz für sie: »das sagt sich nicht«, — was trotz alles Gespötts immer das tiefsinnige Schlussergebnis letzter Weltweisheit bleiben wird.

Das bleibt der Grundlaut dieser Bilderwelt, wie sie auch gelegentlich einmal abschweift. Aus dem Suchen

löst sich bald immer einfacher und bedeutender die
künstlerische wie die malerische Formel dafür. — —

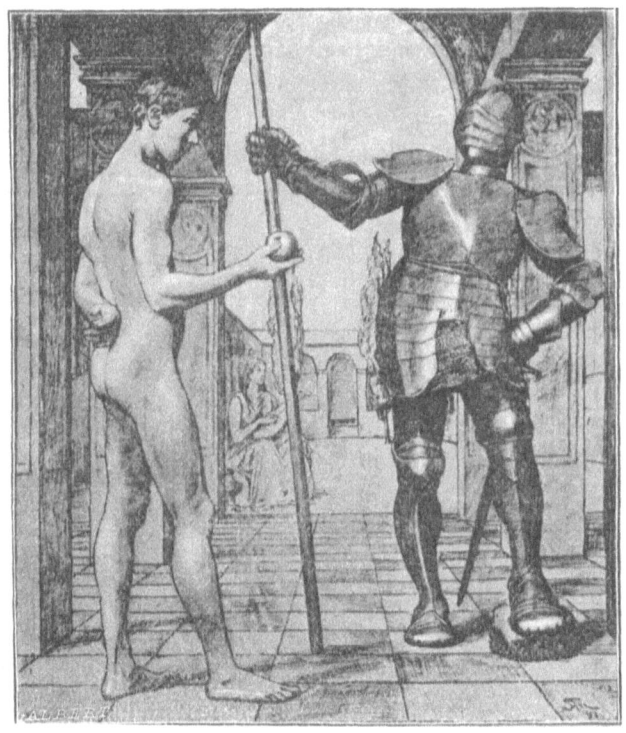

Wächter am Liebesgarten. Nach dem Steindruck.

Eine Reihe früherer Bilder können als die ersten Versuche nach dieser Richtung gelten. Die gefärbte Zeichnung der »Hexen«, die um ein Feuer auf nächtlicher

Haide tanzen, — die »Sirenen« (1881), — üppige Weiber mit sinnlich verführerischen Gesichtern, leidenschaftlichem Gesang und Mandolinenspiel am Meeresstrand, — die üppigen brünetten »Rheintöchter« (1879), welche sich im Mondschein auf dem Rhein im Tanze drehen und damit einen fidelen Hecht zu kühnem Kopfsprung begeistern, — die in Grau gehaltene Darstellung der »Nornen« aus den 80er Jahren sind romantische Vorklänge. Eine Abart dazu in antiker Färbung ist der knabenhafte »Bakchos« (1889) auf einem Bild voll Sonnigkeit und frischer Farbenwürze. Im Scherz mit zwei jungen Italienerinnen, die ihm Epheu ins Haar winden und Aepfel reichen, springt er bockfüssig über eine blumige Wiese. Auch die »Gralsburg« (1899), die sich über lichtblauem See auf der Höhe im Abendglanz feierlich aufbaut und das Ziel der in roten Mänteln durch den Laubwald langsam reitenden Gralsritter ist, gehört zu diesen Bildern, deren Romantik noch einem litterarischen Ideenkreis entfloss.

Vernehmlicher kommt das Thoma'sche in der wiederholt von ihm behandelten »Flora« aus den 80er und 90er und den Wandlungen dieses Vorwurfs zum Vorschein. Die antike Naturbeseelung mit Halbgöttern findet hier ein ganz eigenes Echo, als welches seine Romantik in aller Neubildung im Grunde zu betrachten ist. Dort steht die Göttin der Blumenaue am Quell mit einem Blumenstrauss in der Hand, von einem Rehpärchen begleitet, während Putten in der Luft tanzen und auf der Wiese drollige Kurzweil treiben, — hier wandelt sie mit einer Blumenschaale auf dem Haupte durch die Flur und bekränzte Frühlingskinder schreiten singend und blasend im Takt nebenher. In einem sehr schönen Bild »Quellnymphe« (1888) sitzt die Hehre in klassischer Schönheit am Sprudel, windet Blumen und schaut gedankenvoll über den wasserschöpfenden Jüngling neben ihr hinweg; auch hier spielen Putten auf der Wiese und flattern gleich Schmetterlingen von Blume zu Blume.

Ihre volle Eigenart erreicht diese Gefühlsromantik mit ihrem mystischen Wunderglauben und ihrer oft unbeschreiblichen Zartheit und Keuschheit aber erst seit Ende der 80er Jahre in solchen Gebilden wie die »Dämmerung am Buchenwald«, — wie auch der mehrfach von ihm behandelte Vorwurf: »Nymphe und Ritter am Quell« mit der feinen Uebersetzung des Naturgeistes in den genius loci darstellt. Auf einer stillen Wiese oder am dämmerigen Hainrand sitzt hier stets eine jugendliche Mädchengestalt, windet Blumen und schaut träumend vor sich hin; gleich als wüsste die Sinnende nichts davon, steht hinter oder auch wohl neben ihr tiefschweigsam ein ernst schauender, einmal auch vom Visir verkappter Ritter in Rüstung, der sie in dieser Einsamkeit bewacht oder als ein zögernder Bewerber harrt. Eine Fülle und Pracht der Märchenstimmung, eine duftvolle Jugendblüte aber atmet in diesem stummen Rapport, dass es mit Worten gar nicht zu sagen ist. — Auf dem »Erika« (1894) betitelten Bild haben beide Personen nur die Rolle gewechselt. Hier ist es der reichgekleidete Ritter, welcher auf der dicht mit Erika bewachsenen Berghöhe neben seinem

Pferd sich niederliess und müde vor sich hindämmert, ohne des blauenden Himmels über ihm und des grünen Thalfriedens drunten gewahr zu werden; er ahnt auch nicht, dass die rotgekleidete Hüterin dieses verzauberten Orts, am Erikastrauss in der Hand kenntlich, leise hinter ihn trat und seine Rast durch ihre Nähe segnet.

Ein Kleinod in Malerei und in Schönheit wie Eigenart der Erfindung von einem genius loci eines der besten Werke Thoma's war der um 1890 entstandene und zwei Mal vorhandene »Hüter des Thales«. Als ein vom goldenen Heiligenschein um das entblösste Haupt gekrönter Ritter in funkelnder Rüstung steht dieser mit einer am Lanzenschaft befestigten roten Fahne auf der Felsspitze und schaut wachend auf die grünliche Nachtdämmerung im Thal zu seinen Füssen hinab. Nur ein paar Lichter in den kaum sichtbaren Häusern drunten, nur ein paar Sterne zwischen dunklen Wolken oben verraten das Leben; sonst ist Alles schlafende Sommernacht in diesem wundersamen Märchenstück. — Weiter gefasst als eine Allegorie auf die Abendruhe von Natur und Kreatur und auf das melodische Erwachen der Phantasie in der Dämmerung kehrt eine verwandte Eingebung im »Abend« (1891/92) wieder. Ein tintenblaues Felsenwasserbecken mit langhalsigen Schwänen giebt den geheimnisstillen Mittelpunkt. Ein alter Fischer sitzt mit seinem Fang davor und lauscht auf die Schalmeitöne des nackten Hirten neben ihm; ein Kind hockt am Beckenrand; ein elysisches Liebespaar wandelt drüben, wo man auch die drei Grazien tanzen sieht. Ein gelbglühender Abendhimmel in dem auf tiefes Braun gestimmten Bild lässt die Baumgruppen wie die Gestalten fast als geisterhafte Schattenrisse erscheinen.

Heimkehr.

Ein Liebespaar wandelt in diesem Bild. Merkwürdig genug wegen der Seltenheit dieses Vorwurfs bei ihm. Er hat wohl keusche Jugendblüte und zarte Regung mit hoher Kunst geschildert, — die Liebe eigentlich nie, trotzdem er über so starke und warme

Herz- und Naturtöne gebietet. Er ist sonderbar spröde nach der erotischen Seite, was bei seinem Naturkult und seinem Hang für das Daseinsmysterium ein Widerspruch scheint. Er hält in einer priesterlichen Auffassung die Kunst als zu heilig für diese Dinge. So ist es auch nur eine Allegorie auf die Abwehr des sinnlichen Verlangens, die als Liebesvorwurf oft wiederholt in Bild und Steindruck seit dem Ende der 80er Jahre entstand. Im »Wächter am Liebesgarten« ist die eherne Schranke der Sitte, der Bildung, der Poesie, — wie man es will, — als Hemmnis für die sinnliche Begehr der Jugend fein und bedeutungsvoll in einem Ritter dargestellt, der schwer gerüstet auf den verschiedenen Fassungen bald in einer romanischen bald gotischen Pfeilerhalle Wache hält und einen nackten Jüngling vom Eingang abhält, der einen Apfel als Eintrittspreis bietet. Einmal blickt der Hüter in schweigendem Ernst vor sich hin, dann ist sein Gesicht vom Visir bedeckt; auch lagert wohl ein Löwe neben ihm. Immer blickt man durch das Portal in einen weiten Gartenhof, in dem Gruppen von Männern, Frauen, Jungfrauen und Kindern lustwandeln, scherzen, die Laute schlagen. — Eine schalkhafte Abart des Liebesvorwurfs bietet die reizend erfundene »Heimkehr« (1896). Auf breiter Landstrasse am Getreidefeld vorüber schreitet ein junger Landmann heimwärts neben dem müden Ackergaul. Woran er denkt? Das luftig-zarte Flügelbübchen verrät's, das im Sattel reitet und die Zügel hält.

Drei Werke mögen nunmehr den Abschluss in der Betrachtung von Thoma's Malerwerk bilden; sie gehören den letzten Jahren an; eine erhabene Einfachheit geht durch die Anschauung, die Erfindung, den Stil; sie spiegeln die Allheit gleichsam je in einem dröhnenden Meerakkord, in dessen Bild das von der Flucht der Erscheinungen nicht mehr geblendete Alter des Künstlers die bisher letzten Formeln seiner Gefühlsromantik gekleidet hat. — Solcher Art ist die »Frühlings-Einkehr« von 1893. Auf lichtblauer Flut, um welche die sonnigen Schnee-Firne tiefer Meeresbucht sich wölben, schwimmt da ein buntgefärbter Delphin; ein schlanker, nur von grünem Schleiertuch umflatterter Jüngling steht in edler Freiheit auf seinem Rücken und richtet den ergriffenen Blick nach oben. Wie jugendlich empfunden, wie einfach und bedeutend erdacht ist diese Allegorie, in die sich aus dem Rahmen her eine anmutige Nebenvorstellung schmiegt! Muscheln, Seepferdchen, Fische schwimmen dort in der Meerestiefe, aus der der Frühling auf die Oberfläche der Erde gezogen kommt. — Als eine brausende Hymne von der Grösse und Kraft der Natur tritt neben dies liebliche Gedicht vom Meer jenes andere Werk vom »Tritonenpaar«. Als Gemälde und Steindruck mehrfach wiederholt, scheint es mir am schönsten in dem farbigen Steindruck von 1895 mit seinem einfachen Gegensatz aus Blau und Gold gelöst. Goldglühend versinkt der Sonnenball am Horizont, goldene Radien überspannen den nachtblauen Himmel, prächtig ist die goldige Sonnenspiegelung in den Meerwellen. Ein Tritonenpaar schwimmt im Vordergrund, muschelblasend er, sie auf seinem Rücken sitzend mit der Geste einer Singenden. Von klassischer

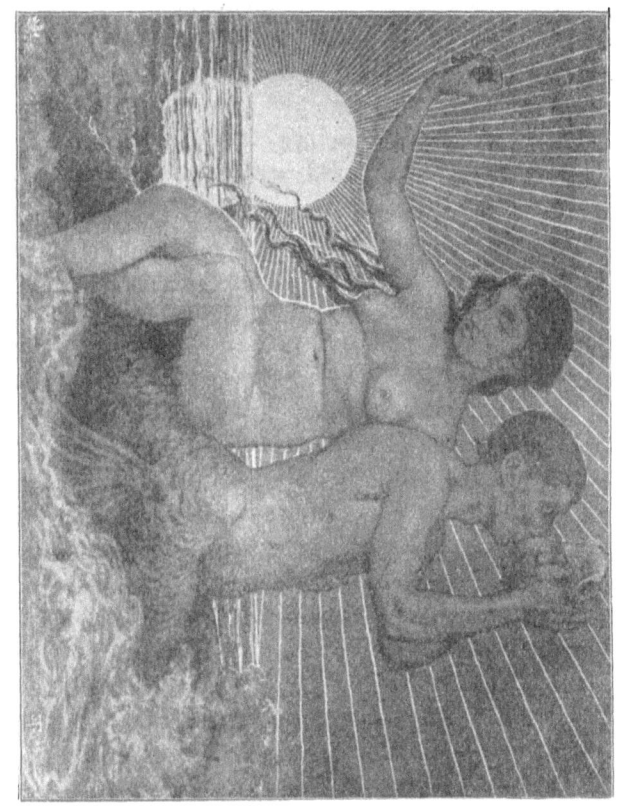

Tritonenpaar. Nach dem Steindruck.
(Aus den »zeitgenössischen Kunstblättern«, Verlag von Breitkopf & Härtel in Leipzig.)

Grösse in Aufbau und Umriss, enthält diese Bildung eine Stimmungs- und Naturgewalt, wie sie nur noch Thoma's bäuerliche Steindruck-Hymnen offenbaren. — Wie eine schmerzliche Erkenntnis oder eine düstere Frage, — und darin ganz einsam in diesem reichen Gesamtwerk einer stillen Naturandacht! — mutet uns schliesslich jenes ernste Rätsel vom »Meergreis« (1894) an. Ganz zusammengekauert hockt er auf einer Klippe im grünlichen Meer unter Robben von metallischem Glanz des Fells, die ringsherum in dumpfem Schlaf liegen. Das ist von packender Einfachheit der Mache. Was sinnt der Mann in düsterem Dämmern? Schmerz um die innere Einsamkeit und Verlassenheit der prophetischen Menschenseele? Qual um die Schranke vor dem letzten Heiligtum der Gefühlsmysterien? — »Das sagt sich nicht«. — — —

* * *

— — Im Berliner Kupferstichkabinett befindet sich ein mir bislang unbekannt gewesener *Steindruck* von Hans Thoma. Das Bild eines jungen Mädchens von erheblicher Ähnlichkeit mit dem Bildnis von 1868, welches in einfacher Bauernstube am Tisch sitzt und einen Brief schreibt: »Bernau . . . . . 1866« und dann die Anrede «lieber Bruder«. Es ist also seine einzige Schwester Agathe. Auch der Stil beglaubigt die Meisterhand. Der Tondruck ist braun, die Ausführung sorgfältig schraffirt und von der Gewissenhaftigkeit, die Darsteller in ungewohnter Machweise kennzeichnet.

Thoma hat etwa 1853/55 ein Jahr lang in Basel den Steindruck erlernt, dann aber aus Gesundheitsrücksichten das Handwerk aufgegeben. Dass er nachdem noch Versuche damit gemacht hat, erfuhr ich erst aus diesem Blatt. Er ist über vereinzelte Proben jedoch nicht hinausgegangen, bis der Künstler nach 40 Jahren diese Machart in grossem Umfang aufnahm und ihr künstlerischer Neubegründer ward.

Der vor einem Jahrhundert von Senefelder erfundene Steindruck hat ein jähes Schicksal gehabt. Er hat in der Kunst einen schnellen aber kurzen Siegeslauf erlebt. Seine grosse malerische Weichheit infolge der Benutzung einer Kunstkreide, die Leichtigkeit seiner Behandlung Holzschnitt und Kupferstich gegenüber hat ihn bis in die Mitte des Jahrhunderts tief hinein hauptsächlich die Rolle der heutigen Photographie als Vervielfältigungsmittel von Kunstwerken spielen lassen. Die letztere hat ihm in rascher Entwickelung alsdann durch Schnelligkeit, Zuverlässigkeit, Billigkeit den Lebensfaden für die Kunst fast völlig abgeschnitten. Er versumpfte und ging im Dienst des Gewerbes in die Breite, ohne eine Erinnerung an seine goldene Zeit unter den Händen trostloser Handwerkerei zu bewahren. Erst die Entwickelung der modernen Chemie, welche die Farbe nicht nur in der Tiefe sondern auch im Reichtum steigerte, und die Verfeinerung der Maschinen hat den Steindruck der Kunst wieder näher gerückt. Seit man einen photographischen Abklatsch eines Originals auf den Stein übertragen, das erhaltene Bild aber durch eine theoretisch unbegrenzte Zahl von Steinen in dessen ganzen Reichtum an Tönen bis zu einer verhältnismässig grossen Treue derselben wiedergeben konnte, ist er wieder sehr beliebt geworden und hat er nicht wenig zur Verbreiterung des Kunstsinns in den letzten zwei Jahrzehnten beigetragen.

Indessen ist er in der Wiedergabe der intimen Schönheiten eines Originals durch seine Machweise sehr gebunden. Es geht ihm hier wie Radierung und Kupferstich, die als Kopieen fremder Werke stets nur ein sehr ungefähres Abbild geben, weil die Eigenart der Machweise und eine übersetzende Menschenhand dazwischen stehen. Wie Klinger und Stauffer in diesem Gedankengang Originalradierung und Originalstich neu erweckten, hat Hans Thoma den vergessenen Original-Steindruck für die Kunst nicht nur wiedererweckt, sondern einen grossen Stil dafür überhaupt erst begründet, sodass er in der Geschichte des Steindrucks einen unvergänglichen Namen behalten wird.

Er hat die natürlichen Grenzen einer künstlerischen Wirkung dieser Machart streng im Auge behalten und versucht innerhalb dieser ein- und mehrfarbige Kunstwerke zu schaffen. Dieses Unternehmen begann in den 90er Jahren; es hat in etwa 7 Jahren einen ungeahnten Erfolg gehabt; nicht nur hat der Künstler damit viele seiner besten Werke volkstümlich gemacht; er hat talentvolle Nachfolger wie Greiner als den frühsten und Andere gefunden. Das Kunstgewerbe hat sich alsdann des Vorbilds bemächtigt und heute geht man kaum 100 Schritt in den Strassen einer Grossstadt, ohne auf die Spur dieser seiner Einwirkung auf das Plakat- und Buchschmuckgewerbe zu stossen.

Diese Stilbildung für den Steindruck geht bei

Thoma Hand in Hand mit seiner malerischen Entwickelung. Ihre ersten Versuche fallen in die Zeit, da seine romantischen Träume in Zeichnung und Farbe bereits die grösste Einfachheit anstreben und nicht selten eine geniale Formel an die Stelle strotzender Natur setzen. Er hat mit seiner Malerei gewissermassen dem Steindruck vorgearbeitet, dem das Arbeiten in feine Einzelheiten hinein verschlossen ist, wenn er künstlerisch wirken will. So entstehen zunächst einfache Blätter in einem Ton auf hellem Papier. Bald steigert sich deren Wirkung durch eine von vollendetem Geschmack geleitete Verwendung von Tonpapieren, auf welche die Zeichnungsfarbe genau berechnet ist. Gleichzeitig kommt auch schon die Aufsetzung weisser Lichter als erste Stufe der Mehrfarbigkeit hinzu, und es ist erstaunlich, welche grossen, warmen, naturwahren Wirkungen und vor allem Stimmungen der Künstler damit erzielt. Immer bleibt er dabei im Rahmen weicher malerischer Kreidezeichnung. Schliesslich aber gelangt er noch in einer kleinen Zahl von Blättern zu einem äusserst besonnenen und geschmackvollen Mehrfarbendruck, in dem einige der schönsten Vorwürfe erdacht sind. Wenige grosse Gegensätze, satte Tiefe, einfache Linien halten sich immer streng in den Grenzen, innerhalb deren die Machart ihre eigenthümlichen Reize entfalten kann.

In diesen etwa 80 Steindruckblättern Thoma's spiegelt sich noch einmal sein ganzes Lebenswerk. Viele seiner Bilder kehren hier in vergrössertem Stil wieder; neue Erfindungen gesellen sich dazu, besonders

Sommerabend. Nach einer Zeichnung für den Steindruck.

in der Landschaft. Diese wirkt hier durch eine meisterhafte Einfachheit, Grösse und Bestimmtheit der Auffassung besonders, überrascht aber nicht selten auch durch einen Duft, wie er sonst nur der Kohlezeichnung auf Tonpapier eigen ist. Eine Gruppe alter Bäume, ein trauliches Bauernhaus, einen Weg, der sich im Thal verliert, eine Berglandschaft zaubert er hier mit wenigen Strichen scharf, plastisch und mit stimmungsvoller Behaglichkeit hin. Ein reizendes Blatt darin ist z. B. sein Heimatsdorf Bernau mit dem Elternhaus des Künstlers; auch der schon genannte Mehrfarbendruck eines anderen Thaldorfs. Malerisch im Einzelnen genauer ausgeführt ist nur eine farbige, anscheinend ältere Taunuslandschaft mit einem Reiter, deren tiefgestimmte Töne, darf ich meiner Erinnerung trauen, in dem sonst streng von ihm gemiedenen Überdruck erzielt und bereichert sind. — Künstlerisch sehr bedeutend und hier eine neue und verstärkte Schattierung in Thoma's kraftvollem Naturverhältnis enthaltend sind seine bäuerlichen Wirklichkeitsdarstellungen. Hier erwacht sichtbar die alte Lust und der alte Gewinn von Albrecht Dürer, mit dem er stilistisch freilich nur noch in den Bildnissen Berührung hat, wenn er in diesen plastisch in ihrer ganzen Traulichkeit aufgebauten Bauernhäusern, diesen Obst- und Gemüsegärten, diesen Hofansichten von der Holzveranda aus, — in diesen Bauern, welche graben oder nach der Arbeit draussen mit Weib und Kind Luft schöpfen oder die Geige auf der Gartenbank sitzend spielen, indessen hinten ein müder Mäher vorüber geht, — in diesen müden alten

Frauen, die am Zaun über dem schlafenden Kind eingenickt sind oder auf der Veranda ihren Enkelchen Märchen erzählen, während der Mond spukhaft herüberleuchtet, — in diesem jungen Violinspieler im nächtlichen Garten und schliesslich im »Säemann« alle Liebe eines tiefen Gemüts zum Ausdruck bringt und eine Natur von packender Unmittelbarkeit nur als Mittel für symbolisch-allegorische Dichtungen grossen Stils verwendet. Gerade in diesen Blättern erweitert sich der Kreis seiner Wirklichkeitsgemälde um einen grossen Schritt; sie werfen einen Faden zu Millet hinüber und machen das Bild vom Naturbekenntnis Thoma's erst vollständig. — Als von einer ganz eigenen Schönheit ist unter den antikesirenden Stoffen der hier wiederkehrende Vorwurf des »Kentaurenspiels« hervorzuheben, — unter den religiösen Gegenständen spricht die Wärme der Darstellung in der einen Fassung von »Christus auf dem Oelberg«, in einer mehrfarbigen »Kreuzhängung«, einer »Salome«, in »Adam, Eva und Tod« ganz besonders an. — Durchweg auf hoher Stufe stehen die Bildnisse. Ungemein liebenswürdig ist eines der frühsten Blätter, auf dem Frau Thoma neben zwei Kinderköpfen erscheint, — prächtig auch der Meister selbst aus neuerer Zeit mit der Palette in der Hand, den Kopf ein wenig zurückgelegt, als mustere er ein Modell, indessen vom waldigen Hintergrund der Umriss einer seiner schönsten Landschaften mit tanzenden Kindern und den mit einem Pferd spielenden Knaben stimmungsvoll in dies Künstlerantlitz hineinklingt. Malerisch überaus fein in der mit Weiss gehöhten Zeichnung auf

grünem Papier, menschlich aber tief rührend blickt
uns aus einem dritten Blatt die 94 jährige Mutter des
Meisters an, die er hier kurz vor ihrem Tode konter-
feite. Das Meisterwerk jedoch schliesslich und eines
Dürer nicht unwert scheint mir das »Bildnis eines
Bauern«. Ein hübscher Rahmen mit Putten, Steinkreis-
zeichen und Aehren umgiebt den in Halbprofil wunder-
voll gezeichneten Kopf eines alten Mannes, welcher
sich von der Baumkrone in einer Ackerlandschaft des
Hintergrundes abhebt. Mit welcher Andacht und
welcher Schärfe zugleich ist hier jedem Zug in dem
gefurchten Antlitz nachgegangen, und wie gebunden
erscheint die Natur hier in eine friedlich versonnene
Stimmung! — Kunstvolle Schöpfungen von edler Schönheit finden sich auch unter den romantischen Stoffen,
die vielfach mehrfarbig hergestellt sind. Lieblichkeit
des Vorwurfs, zarter Reiz einfacher Farben und wohl-
berechneter Gegensätze, flüssige Linien zeichnen viele
dieser Gedichte aus. Die anmutigen »Rheintöchter« in
grüner, von rötlichen Fischen durchtummelter Wasser-
tiefe, deren Blinken mit Goldstrichen angedeutet ist,
wobei diesmal ein einfarbiger Steindruck nur übermalt
ist, — in Blau und Gold das schon genannte »Tritonenpaar«, — der »Hüter des Thales«, — die »Frühlings-
Einkehr« mit dem Jüngling auf einem Delphin, —
der »Abend« sind wahre Perlen eines künstlerischen
Steindrucks. — —

— — — Seinem Bereich gehört auch ein »Kostüm-
werk« an, welches der Meister Ende der 90er Jahre
für die Nibelungen-Aufführungen in Bayreuth schuf, —

— aber auch ein anderes Werk, dessen Entwürfe im Stil für Steindruckausführung gedacht, wenn sie schliesslich auch in Ätzung vervielfältigt sind. Das sind die im Winter 1892/93 erschienenen »Federspiele«. Ein paar gelegentlich entstandene Vignetten gaben die Anregung; ein langwieriges Ischiasleiden während einiger Wintermonate liess den Gedanken weiter spinnen. Der emsige Künstler mochte die Thätigkeit nicht entbehren; er hielt mit dem Griffel schnurrige, satirische und stimmungsvolle Einfälle fest, die ihm während des Stillliegens in Hülle und Fülle durch den Kopf gingen. Zu diesen Bildchen hat Thode alsdann so sinnvolle als wohllautende Verse gemacht, womit schliesslich ein ganz eigenartiges Werk zu Stande kam. Man trifft hier viel des Neuen von einer bisher ungewohnten Klangart, aber auch manche Erinnerung an das übrige Künstlerwerk an. Seine Puttengruppen kehren wieder; dort steht einsam ein Pflug auf dem Feld; hier steigt ein Wanderer tiefatmend zum Fichtenwald hinauf. Reizende Landschaftsausschnitte finden sich auch sonst, — wie z. B. derjenige mit dem wandernden Mandolinenspieler, dem im Gras gelagerten Mann, dem Geschwisterpaar, welches im Huckepack unter dem Bellen seines Spitzes dem Dorf zutrabt, oder dem blumenpflückenden Kind auf der Wiese. Dazwischen geht stiller Humor und lachender Spott, wie man ihn dem kleinen Frankfurter Meister gar nicht zutraut, in allen Tonarten um. Sensenbewaffnete Putten reiten auf Heuschrecken drollig durch die Luft, lächerliche Uhus sitzen glotzäugig auf Bäumen in mondheller Nacht, der Esel mit dem Löwen-

fell, das Rhinozeros, Hahn und Henne, Enten mit Spott
auf menschliche Thorheit ziehen vorüber. Auf einem

Bildnis eines Bauern. Nach dem Steindruck.
(Aus den »zeitgenössischen Kunstblättern«, Verlag von Breitkopf & Härtel
in Leipzig.)

grösseren Bild hat sich ein alter Ritter auf dem eben
erschlagenen Drachen niedergelassen und dämmert

müde vor sich hin, ohne den frechen Spatz auf der
gebrochenen Lanze zu beachten. Tiefsinn und Humor
zugleich wie hier lebt in vignettenartigen Puttendar-
stellungen. Dort hantiert ein zierliches Kerlchen mit
einem Ritterhelm, der fast so gross ist als er selber, —
hier sitzt er in ihm, der ihm tief bis unter die Brust
reicht, auf einem Schild und schaut mit kindlichem
Ernst aus dem aufgeklappten Visir. Dann sitzt ein
blasendes Flügelbübchen im aufgesperrten Rachen eines
seepferdartigen Ungetüms und schliesslich steht ein
ebenso vergnügtes Kerlchen in einem Kristallvieleck,
um dessen Fuss eine Viper ringförmig liegt, während
schlanke Blumenstengel ringsum aufspriessen. Eine
Fülle köstlicher, heiterer wie gedankenvoller Dinge
steckt in dieser Kleinkunst, dass sie immer frisches
Behagen beim Betrachten hervorruft. — — —

*   *   *

Dieser rastlose Trieb einer geschäftigen Einbildungskraft, dieser gedankenvolle Sinn und die gelassene
Emsigkeit der Schaffenslust, die den Griffel zu einer
so natürlichen Waffe in der Meisterhand machen,
hat ihn trotz eines sehr reichen Werks an Bildern,
Aquarellen, Zeichnungen, Steindrucken auch noch
nach anderer Seite gelenkt. Eine tägliche ausdauernde
Thätigkeit an der Staffelei und dem Stein durch 40
Schaffensjahre hat ihm immer noch Zeit und Frische
für Liebhaber-Neigungen gelassen, und selbst das Alter
hielt ihn nicht ab, noch neue Gebiete zu betreten. So
pflegt er seit 1897 auch die *Radierung* von der jetzt

ein Dutzend Blätter in seinem grossen und weichen Stil vorliegen. Ein Tifteler in der Mache sein Lebtag hat er nach einigen Versuchen auf der Kupfertafel auch solche mit vernickelter Zinkplatte angestellt, der eine intime Weichheit in Ton und Strich eignet, aber bei der Nachgiebigkeit des Metalls auch sehr aufmerksame und vorsichtige Arbeit gewidmet werden muss. Die Umrisse sind in dieser Mache bei Thoma bestimmt und einfach, die Schatten nur sparsam angedeutet, so dass in den Landschaften namentlich eine sonnige und duftige Wirkung erzielt wird. Der »Pflug im Felde«, die »Sägemühle«, das »Fischerboot bei Scheveningen«, der »Blick in einen Schwarzwälder Bauernhof«, der »Säemann«, ein paar Mädchenbildnisse, einige der »Federspiele« bilden die kleine Stoffwelt, die als Neues nur die Köpfe der »3 Parzen« mit ihren grundhässlichen Gesichtern zeigt. — — —

Noch fruchtbarer war sein sinnvoller Geist in *kunstgewerblichen* Entwürfen aller Art, für welche sein emsiges, gedankenvolles, tiftelndes Wesen als für eine feine Geheimsprache der Kunst von jeher viel Neigung verriet. Hier kommen in erster Linie die Rahmen für seine Bilder in Betracht. Schon das Selbstbildnis von 1880 zeigt eine geschmackvolle Fassung in dieser Weise und er hat sie oft seitdem wiederholt und als einer der Ersten damit eine heute sehr beliebte Mode eingeleitet. Taugen doch für seine oft knorrigeigenartigen Bildungen mit ihren lichtvollen Farben die üblichen Goldrahmen so wenig als dunkle Leisten. Mit gutem Geschmack für den Zweck der Sache gab er einer einfach profilierten Leiste meist einen blauen oder roten Grund und setzte in kräftigem Bauernstil Engelsköpfe, Blumen, Steinbilderzeichen oder sonst allerlei einfache und zum Bild passende Symbolik hin-

Kind im Helm. Aus dem Album »Federspiele«.
(Verlag von Heinrich Keller in Frankfurt am Main.)

ein, was denn die Eigenart dieser Gemälde nicht selten zu einer bescheidenen Pracht erhebt. — Daneben sind für Freunde und Bekannte »Ex-libris« mit den kleinen Erfindungen der »Federspiele« entstanden. — Eine eigene Schönheit aber erfüllt die am wenigsten bekannt gewordenen Entwürfe, nach denen für den eigenen

Familienkreis und Freunde Schaalen, Teller, Decken, Teppiche, Tongefässe hergestellt sind. Sein hohes Stilgefühl und ein reger Grüblersinn, der Geist auch in die nebensächlichste Kunstform giesst, hat hier aus den gegebenen Naturvorbildern Werke von eigenstem Gepräge, Schönheit und Geschmack hervorgerufen, die als ein wahres Labsal unter dem verdrehten Zeug der heutigen Tagesmode mit ihren französisch-englischen Abfällen anziehen und künden, wie reich an Kunst und Erfindungsgabe dieser bescheidene Mann durch sein Künstlerleben gewandelt ist. — —

* * *

Das ist das Malerwerk von Hans Thoma bis zum heutigen Tage. — Keine himmelanragenden Formen und keine unerhörten Ideen machen es zu einem der Kolosse, wie die Renaissance und die Neuzeit wieder sie uns zeigten. Es haftet am waldheimlichen und berganmutigen Boden still, schlicht, verträumt, knorrig mitunter; alle seine Schätze liegen in der Tiefe eines wunderbaren Gemüts, das gleichsam still inmitten der kreisenden Weltbilder stand, — herausgriff, was ihm gefiel, — jedem Ding aber den Klang verlieh, der bei der Berührung durch die saitenspielbegnadete Malerseele glitt.

Thoma hat die Natur in einer neuartigen und unmittelbaren Offenbarung geschaut und einen bedeutenden Kunststil dafür gefunden, der, aus der Tiefe des germanischen Rassengenies entsprossen, ihm mit gutem Recht den Ruf des deutschesten aller lebenden Künstler eingetragen hat. Ihm wird eine Landschaftskunst von einem neuen und schöpferischen Ausdruck verdankt. — Meisterwerke der Wirklichkeitsdarstellung, — Bildnisse eines Dürer und Holbein würdig, — der erste grosse Steindruckstil treten daneben. Zwischen Natur und Geschöpf ist überall nur ein grosser Zusammenklang und, wenn man seine Schwarzwald-Bauern und -Dörfer betrachtet, muss man angesichts der Grösse in ihrer Auffassung an Millet denken, — nur dass der deutsche Meister freier, vielseitiger und der Volksart entsprechend durchgeistigter geformt hat. — — Dies ganze Werk aber, schön und stark genug für einen Namen in der Geschichte, hat Thoma liegen gelassen, um als fröhlicher Poet singend in das alte romantische Land zu ziehen. Doch nicht alte Städte, schnurrige Käuze, Eremiten und Ritterturniere suchte er, — Thalabgeschiedenheit und Meereinsamkeit auch wohl lockte ihn, — so still, dass man geheimnisvoll dort die Welt brausen und dröhnen zu hören glaubt; in die Dämmergefilde pantheistischer Träume glitt dort seine lauschende Seele; Geister der Natur erschienen ihm hier mit geschlossenen Lippen, arm an Sprache, Musik in der Seele, keusche Liebe zur Welt im Herzen. Und was er erlauscht, das hat Hans Thoma zu einer neuromantischen Weise geformt. Naturtöne sind es, in edle Kunst gebunden, die dem müden Empfinden der Städte eine neue Provinz eröffnen; er selbst aber ward damit einer der Wohlthäter der Zeit, die ihn längst als einen ihrer grossen Künstler anerkennt.

Das Alles aber schuf und wirkte der Meister von einem Orte aus; er wurzelt tief und fest im Boden der

Schwarzwälder Heimat; in treuer Liebe zu ihr ist er still und sicher gewachsen. Mit ihr zugleich aber gab er sich selbst. Das ist sein Kunst- und Erfolg-Geheimnis. Es ist der ganze und festwurzelnde Mensch in seiner hinreissenden Liebenswürdigkeit, der gesiegt hat. — — —

* * *

Man muss in sein Heim gehen, wenn man ihn recht kennen lernen und aus dem Grunde verstehen will. Das Haus kennzeichnet immer den Mann und in seinen vier Pfählen giebt er sich am natürlichsten. Thoma hat das letzte Jahrzehnt an der Nordwestgrenze von Frankfurt, nahe der freien Natur, in der stillen Wolfgangstrasse gewohnt, die ganz abseits vom Verkehr liegt. Bescheidene Wohlhabenheit spricht aus den zweifenstrigen und zweistöckigen Landhäuschen mit den kleinen Vorgärten, die Seitenmauer an Seitenmauer stehen; nirgends zeugen ein paar Meter Seitengarten von einigem Überfluss des Besitzers. In einem dieser Häuser sass der bescheidene Mann lange Zeit. An dem Empfangszimmer, dem Speisesaal dahinter, der eine freundliche Glasveranda mit Aussicht in das schmale Hintergärtchen besitzt, und einigen Wirtschaftsräumen im Erdgeschoss vorbei steigt man auf enger Treppe zum ersten Stock, in dem die Familie wohnte, die prächtige Frau Cella das Regiment hat und gemeinsam mit ihrer Schwägerin, Thoma's einziger Schwester, das blühende Haustöchterchen bemuttert. Nur ein paar sparsame Malereien an den Wänden des Treppenhauses verraten bis hierher mit ihrem strengen Stil, dass man sich im Hause eines gewissen berühmten Malers befindet. Im zweiten Stockwerk ist der Herr des Hauses unbeschränkter Gebieter. Da tritt man in einen kleinen, freundlich-hellen Werkstattraum mit Gartenaussicht. Ein prunkloser, einfacher, behaglicher Ort, — zum Malen, Schreiben, Lesen wohleingerichtet, — nicht für neugierige Besucher. Und hier wirkt ein lieber alter Herr mit weissem Haar, von untersetzter kurzhalsiger Gestalt, den in behender Gelassenheit hantieren zu sehen ein Vergnügen ist. Die kerngesunde Kraft mit ihrer Anwartschaft auf 90 Lebensjahre hat etwas Erquickendes; nicht weniger auch diese Ruhe beim Sitzen, das Abwarten und Wenigreden. Wie der schweigen kann! Bis er warm wird und zu reden beginnt, wobei die prächtig-stillen Augen, die bald versonnene Märchenaugen sind und bald durchdringend blicken, aufleuchten.

Und wie er dann reden, — musikalisch reden kann von alter Zeit, von Anschauungen, Erlebnissen, in vornehmen Urteilen, die Jeden gelten lassen, der will und halbwegs kann, und immer das Gute suchen. Wie keuscher Waldduft streicht es durch diese Bilder, die immer verkleinern und verstecken, was ihn selbst betrifft, und so warm werden, wenn er von Eindrücken der Kunst und ihm lieben Menschen berichtet. Man erfährt nicht viel von ihm, wie seine Kunst innen gewachsen ist, — ein so hochgebildeter Mann er sonst ist. Er hat die Scham der vornehmen Naturen sich selbst gegenüber. Aber dessen braucht's auch nicht. Die innere Einsamkeit wortlosen Bilderreichtums wird bald vernehmlich; so eigen zieht es durch diese schlichten Bemerkungen; bald hat man es begriffen, wie still, weltfeindlich, emsig und voll gelassenen Selbstvertrauens dieser Mann durchs Leben ging, — nicht anders als ein wandernder Poet mit selig verträumten Augen und klingender Seele durch eine schweigsame Natur zu ziehen pflegt. Und das hat Hans Thoma gethan! —

Berlin, im September 1899.

Franz Hermann Meissner.

www.ingramcontent.com/pod-product-compliance
Lightning Source LLC
Chambersburg PA
CBHW021713230426
43668CB00008B/822